REACTION 19

STUDIOS TALMA

De Carlo Alberto Brusa :
Pour un lendemain sans libertés volées.
Vous pouvez acheter le livre sur le site Reaction19.fr ou dans votre librairie préférée.
Tous les bénéfices et droits d'auteur de ces deux ouvrages sont intégralement reversés à l'Association Reaction19.

Image de couverture : © Crazy Media | Dreamstime.com
ISBN : 978-2-37790-072-5

Talma Studios
231, rue Saint-Honoré
75001 Paris – France
www.talmastudios.com
info@talmastudios.com

REACTION 19

DES MOTS POUR SOIGNER LES MAUX

ou l'écrit du cœur

STUDIOS TALMA

Carlo Alberto Brusa et Riccardo Mereu,
président et vice-président de Reaction19

Préface

Il y a un certain temps, j'avais lu quelque part : « Il n'y a pas de pensée critique sans pensée. Et il n'y a pas de pensée sans mots. »

Dans ce monde qui aime anéantir toute pensée hostile aux dogmes des « *élites* » les mots sont ainsi la voix de la liberté. Sans les mots, nous sommes des animaux, réduits à penser sans exprimer, réduit au néant.

Dans ce « monde d'après », où les mots des élites ont trompé l'humanité, les mots de ce recueil sont des cris de vérité. Ils sont le lien entre le passé, le présent et l'avenir, qui nous donnent confiance dans la vérité populaire.

Ces mots, pour nous soigner des maux !

Comme l'a fait notre Association Reaction19, comme elle le fait tous les jours, encore et encore, pour ne pas oublier, pour lutter et pour continuer à espérer…

Autour de la table le lundi, ensemble depuis trois ans, à refaire le monde, à trouver de l'énergie dans les moments de désarroi, toujours ensemble pour Reaction19, nous avons trouvé le titre *Des mots pour soigner les maux*. Ce titre, nous l'avons adopté et aimé à l'unanimité. Il incarne Reaction19, qui a utilisé les « mots du droit » pour lutter contre les « maux de la loi ». On ne pouvait donc choisir meilleur titre pour rappeler notre lutte depuis plus de trois ans !

Avec les mots, nous avons lutté contre les pouvoirs qui asservissent le peuple !

Avec les mots, nous avons renvoyé la dictature et l'arbitraire dans leur retranchement !

Avec des mots d'amour et de tendresse, nous avons aidé les humiliés qui ont subi le chantage du pouvoir pour accepter que leur corps soit piqué par un étrange produit…

Les thuriféraires et les zélotes n'ont pas de mots, eux se taisent, se plient, servent sans rechigner le « dogme démocratique », aveuglés par les ombres sans se soucier de la vérité...

C'est ainsi que nous avons demandé à celles et ceux qui sont sortis de la caverne de graver par des mots écrits leur soif de liberté et de vérité et répandre la lumière des trois ans d'activité de Reaction19. Et quelle réaction des femmes et des hommes libres à notre appel : nous avons reçu plusieurs centaines d'écrits pleins de passion, d'amour et d'intelligence !

Des textes venant du cœur et touchant nos cœurs, jusqu'aux larmes. Nous avons passé des heures à les lire et relire, pour en choisir enfin une centaine, qui représentent les plus emblématiques des mots reçus, et je présente toutes mes excuses pour le fait que tous n'ont pas eu l'honneur de la publication, bien qu'il ne s'agisse pas de qualité, mais simplement de place.

Ce fut une longue sélection, pour une grande émotion, que nous sommes fiers de partager à travers ce livre.

Chaque texte est une œuvre,

Chaque texte est un cadeau,

Chaque texte est un message d'amour,

pour nous,

pour vous,

et pour l'humanité.

Merci du fond de mon cœur !

Bonne lecture et savourez sans modération !

Carlo Alberto Brusa
Président de Reaction19

Myriam, 9 ans

Alain Tortosa, 27 avril 2023

J'entendais les premiers murmures du printemps, les perce-neiges bravaient l'hiver, mais, soudain, la vie fut paralysée par la peur. Les haut-parleurs vibraient d'un message répété à la folie : « Tremblez, le fléau est là, il va détruire l'humanité, nul ne sera épargné ! » La mort virtuelle s'approchait et la peur envahissait tout l'espace. La lumière était balayée par les sanglots longs des violons de l'automne précédant un hiver glacial. Mais que se passait-il ? « Les enfants ne sont plus notre avenir et menacent la vie de nos anciens ! » Quoi ? – Nous devions nous masquer ? – Nous enfermer ? – Ne plus nous rencontrer ? – Ne plus nous serrer dans nos bras ? – Ne plus nous embrasser ? – N'être que des objets, des outils et renoncer à toute humanité ? Quel était ce monde où toutes les valeurs étaient inversées ? J'ai alors dénoncé, alerté, hurlé, ameuté jours après jours. Plus j'expliquais, plus j'informais et plus ils avaient peur et me sommaient de me taire. Ils me prenaient pour un malade, un extrémiste, que sais-je... un fou, un illuminé et la communication était impossible. Prisonniers obnubilés et terrorisés par un fléau imaginaire qui n'existait que par des mots. J'errais dans la pénombre, dans une nuit de plus en plus sombre et glaçante. J'éprouvais une profonde solitude, terrorisé par ce totalitarisme, cette dictature molle qui avançait inexorablement avec le soutien total des masses. Soudain, j'entre-aperçus une faible lueur au loin... Si ténue que je m'interrogeai sur sa réalité. Un homme, non pas un fou de Dieu, mais plutôt un fou de l'Homme... alimentait ce petit feu. Je me dirigeais vers lui et, au fur et à mesure que je m'en approchais, je vis de plus en plus d'humains se diriger vers cette lumière que cet homme alimentait sans jamais prendre de temps pour lui. Je n'étais plus un fou, je n'étais plus un illuminé, je n'étais plus seul !

Nous étions des dizaines, des centaines, des milliers, que dis-je, des millions à chercher la même lumière, mais aussi pour apporter de l'optimisme. L'espoir, la vie, l'amour étaient de puissants combustibles pour le faire devenir un phare dans la nuit. Les paniqués du fléau, les paralysés qui avaient totalement cessé de vivre, uniquement par peur de mourir... étaient terrorisés et agressés par cette lumière en expansion. Ils étaient persuadés que le courroux du Malin serait décuplé par cet élan de vie et d'amour. Or, plus leur haine se déversait, plus leur souffle était puissant, plus ils ne faisaient qu'attiser les braises et rendre la lumière encore plus aveuglante.

Ne pensez pas que je suis enivré par cet espoir. Je sais bien que cette lumière est trop localisée pour terrasser l'obscurité, elle n'a pas cette capacité. Jour après jour, mes tripes se tordent de douleur, j'ai le souffle coupé, ma poitrine explose et mon cœur se brise tel du verre. Je hurle alors, tel un animal meurtri, ma souffrance, mon impuissance et mon désespoir à m'en faire péter les tympans, oui, mais... aucun son ne sort de ma bouche... Les seuls sons qui demeurent perceptibles sont produits par la pieuvre dont les tentacules s'allongent et se répandent à bas bruit. Pour autant, je demeure encore debout grâce à cette lumière vitale qui nous apporte chaleur et humanité dans ce monde d'horreurs. Nous ne sommes plus seuls, nous pouvons nous réchauffer, nous soutenir, nous aimer et aussi pleurer. Nous pouvons aussi espérer, en attendant les jours meilleurs qui ne manqueront pas d'arriver, même si ne nous savons ni quand, ni comment, ni où. La lumière reviendra, plus éclatante que jamais, car nous sommes l'espoir, nous sommes la vie, nous sommes la joie, nous sommes l'amour, nous sommes l'Humanité. « Ils » ne sont que des corps vides sans âme ne portant que ténèbres et morts.

Élisabeth Lespineux

Reaction19 => audacieuse, généreuse, pugnace, résiliente, digne et intègre.

Reaction19 m'a redonné la force d'affirmer ma Liberté de choix !

Ces dernières années, j'ai rencontré, tour à tour, l'ignorance, le déni et la résignation chez ceux qui m'étaient proches. J'ai regardé s'éloigner, impuissante, ma famille, mes enfants, mes petits-enfants, mes amis, mes amours… et mon job…

En rejoignant les rangs de Reaction19, j'ai laissé partir la colère pour retrouver le courage et la détermination d'une Humanité solidaire, malgré ses différences. J'apprécie son soutien et son partage de connaissances. J'ai renoué avec le goût d'apprendre, encore et encore, et je goûte chaque jour avec gratitude la joie de tendre la main à celui qui a l'humilité de demander de l'aide, et la modestie d'en demander moi-même quand je suis dans le doute ou la peine.

J'ai beaucoup de reconnaissance pour Carlo et tous ces bénévoles qui, inlassablement, œuvrent aux quatre coins du pays pour partager les outils, le savoir-faire et les connaissances de Reaction19.

J'ai envie de continuer à croire en ce petit brin d'Humanité qui nous relie tous dans l'espérance qu'ensemble nous pouvons « rallumer les étoiles » !

Je suis fière d'avoir été accueillie dans cette nouvelle famille de cœur.

Paule Monnini

Quand nous étions au creux de la vague,
Le cœur brisé par la tornade,
Dans des cieux sombres et menaçants,
Genoux à terre face aux tyrans,
Dans un climat sombre et obscur,
Sous la menace d'une piqûre
Entre les mains criminelles
Semant leur produit mortel,
Soudain nous vîmes un arc-en-ciel,
Comme une lueur providentielle.
C'était Carlo qui nous disait :
« Il faut lutter, il faut résister,
Nous vaincrons l'adversité.
Soyez confiants, mes chers amis.
Ensemble, nous prendrons le maquis
Pour défendre notre santé
Et tous nos droits confisqués. »
Comme elles furent douces ces paroles,
Dans notre cœur une auréole,
Et il devint notre boussole,
Prêchant le droit à la révolte
Pour préserver nos libertés
Nos vies et notre intégrité.
Une nouvelle étoile était née
Au firmament de l'été
« Reaction19 » elle se nomma
Elle fut notre guide, notre avocat…

Philippe Dauce (63)
Grâce à Reaction19, j'ai rencontré des personnes pour qui le mot « Liberté » n'est pas qu'une vague notion philosophique, mais un trésor à protéger, parfois au prix de grands sacrifices ; des personnes pour qui le sens de l'honneur et de la dignité ne sont pas des valeurs désuètes.

Auprès d'elles, j'ai découvert le sens profond de la troisième valeur prônée par notre devise nationale : la Fraternité, c'est-à-dire être uni dans la lutte pour la défense d'une cause supérieure, à des individus avec qui je n'avais pas toujours de grandes affinités, mais pour qui Dieu, la liberté ou la France, n'étaient pas que des mots.

Auprès d'eux, j'ai manifesté, ri, chanté, et aussi bu plus que de raison (mais toujours à la santé de la liberté !) chez Lucas, qui, dans son troquet, avait toujours refusé le passe-sanitaire et, sur la vitrine de son bar, avait collé une affiche qui disait : « Un pet traverse un slip et un pantalon, et on veut nous faire croire qu'un virus ne peut pas traverser un masque ? »

Et puis, j'ai rencontré nombre de femmes d'exception, que je garde bien au chaud dans mon cœur, ces femmes magnifiques qui sont de celles qui écrivent l'histoire : Alice, Sophie, Caroline, Marie...

Grâce à Reaction19, avec ces amis, j'ai collé tard le soir ou au petit matin des affiches anti-passe sur les vitrines des restaurants ou les bâtiments administratifs, jusqu'au cœur des vaccinodromes.

Et quand le soleil se levait, nous le contemplions, un café fumant dans les mains, heureux d'avoir accompli ce qui nous semblait être notre devoir...

Pris à deux reprises par des caméras, j'ai donc été amicalement convoqué par nos amis de la gendarmerie, dont j'ai eu la joie de découvrir les locaux. Ils furent sympas avec moi.

Grâce à Reaction19, j'ai participé au Convoi de la Liberté et ai eu, à cette occasion, le plaisir de goûter aux gaz lacrymogènes parisiens et bruxellois, d'excellents crus tous les deux.

J'ai, grâce à Reaction19, simplement vécu l'une des plus belles périodes de mon existence.

Et puis, grâce à Reaction19, je vous ai surtout rencontré, vous, cher Carlo, vous qui êtes devenu l'une de mes rares sources d'inspiration chez les vivants.

Et je sais que quand je serai bien vieux, au coin du feu et que je raconterai cette période de ma vie, de notre vie, aux plus jeunes pour qui elle fera déjà partie de l'Histoire, ils me regarderont avec étonnement et envie, et ils me diront : « Tu as rencontré Carlo Brusa ?! »

Anne T.

Je propose le jeu du portrait chinois pour dire ce que l'Association m'inspire des mots > des maux :

Si R19 était un palais, il serait celui de la Liberté.

Si R19 était un chien, il serait un border collie (chien de troupeau).

Si R19 était un film, il serait *Le droit, la justice et le truand* (accompagné de la musique de Ennio Morricone).

Si R19 était un super héros, il serait Captain' Resistance.

Si R19 était un personnage de BD, il serait le Concombre Masqué.

Si R19 était une carte de jeu, elle serait la Reine de cœur.

Si R19 était une foule, elle serait une manifestation.

Si R19 était une horloge, elle indiquerait 19 h 10.

Si R19 était une qualité, elle serait l'audace.

Si R19 était un personnage de série, il serait Colombo.

Si R19 était un vêtement, il serait une paire de bottes bien droites.

Si R19 était un plat, il serait une pizza napolitaine.

Si R19 était une chanson, elle serait *Les Copains d'abord*.

Si R19 était un art, il serait l'écriture.

Si R19 était un métier, il serait gardien de la Sagesse.

Si R19 était...

Mais R19 est toujours !

Un soutien sans faille qui œuvre courageusement pour le bien de tous, ensemble dans une immense fraternité.

🙏

Jean-Michel Boscher (14)
Cher Carlo, Cher Maître,

Est-on maître de quelqu'un ou de quelque chose, je ne crois pas, mais maître de soi, c'est un état qui se perd, chez beaucoup de gens, surtout pendant ces troubles.

Vous l'avez été, et vous me l'avez donné. Je suis resté maître de moi, sans débordement.

Résistant, l'est-on vraiment ? Face aux virus et aux bactéries, j'en suis plus que certain, mais face à la désinformation, à la malveillance, comment se sentir fort, surtout quand on ne connaît rien aux lois, entre code civil, code pénal, droit et devoirs des citoyens, quelle perdition ! Tout est fait pour que nous nous sentions faibles et assujettis. Par vos explications, vos clarifications, vos documents tous gratuits, faut-il le rappeler, vous m'avez donné force, espoir et courage. Encore plus par votre attitude personnelle, où se sentaient la rectitude, la force, la persévérance, l'énergie du redressement.

Et enfin, le juste engendre la paix. Finalement, j'ai été surpris de me sentir en paix avec moi-même, avec le monde, car j'ai vu le juste triompher de la justice aveugle. Donc malgré tout, je me suis senti libre.

Pour tout cela, je n'ai qu'un mot, désuet peut-être mais sincère : Gratitude ! Merci du fond du cœur.

Jean François K.

Trois ans déjà et toujours ce combat.
N'en finirons-nous donc jamais,
De nous battre pour nos libertés ?
Hélas, elle est là, la nouvelle omerta.

Pendant ce temps chez Reaction19,
Des philanthropes se battent armés du droit,
Un homme en particulier initie ce combat,
Je parle bien sûr de Carlo Alberto Brusa.

À chaque fois qu'il intervient,
Il ne le fait jamais pour rien,
Entouré de nombreux bénévoles,
Cependant… le pouvoir rigole.

Trois ans déjà et toujours ce combat,
Qu'apporte donc l'association,
Pour être toujours debout, vent de front ?
C'est évident, je le dis là,
La force de ne pas se laisser faire,
Et vivre un jour de plus en enfer.

Tout ce que nous avons subi,
Ne sera jamais oublié,

Car il faut un temps infini,
Pour pouvoir enfin pardonner.

Continuons donc ce combat,
Carlo nous donne des solutions,
En trouvant des failles juridiques,
Il transforme le serpent... en lombric.
Les « non citoyens » de la nation,
Ont ainsi retrouvé l'espoir,
De laisser à leurs enfants,
Un monde rempli de victoires,
Et si ce n'est pas nous qui choisissons,
Le monde court à sa perte.
Alors battons-nous ! Saperlipopette.

Merci à toute l'équipe de Reaction19 pour le temps et l'énergie que vous avez dépensés.
Nous vous aimons.

Antoine F.

Covid, l'évènement révélateur !

Oui, en effet, de tous temps les catastrophes ont secoué la planète bleue,

Et ce furent toujours les plus humbles qui ont été les plus malheureux.

Cette maltraitance d'une grande partie du globe

A démontré que la sidération a réussi qu'une grande partie de la population gobe

Des mensonges et des menaces dispensés par les formatés et les corrompus,

Qui n'ont reculé devant rien pour arriver à leur but.

Nous avons pu apprécier la réalité, les vraies personnalités, de ceux qui nous font la leçon

Et se sont empressés à détruire des vies, à discréditer les anti-doxa, de maltraiter de mille façons.

Heureusement qu'il y eut des esprits et des cerveaux qui ont émis des doutes

En bravant les ignominies du quoi qu'il en coûte.

Très peu, trop peu nombreux ont été ceux qui ont appelé à une profonde réflexion

Pour ici et là élever des voix, des oppositions pour freiner ces malfrats de la contrefaçon.

Mais de cette période, je crois que l'essentiel

Est un vrai don du ciel !

Heureusement, en toute chose il y a un revers

Et, pour ma part, je remercie les pervers

Qui m'ont permis de voir que malgré des idées contraires, j'ai des amis sincères.

Et, ô incommensurable surprise, de faire connaissance avec de nouvelles et belles personnes

Où aucune fausse note ne sonne.

Il m'a été permis de rencontrer des personnes éblouissantes, saines et sans détours pour qui le dénominateur commun est ce qui s'est le plus perdu depuis trop longtemps : le respect de l'autre et le don de soi.

Cette période sombre a également démontré que l'instruction n'est de loin pas gage d'honnêteté, d'humilité et encore moins de lucidité. Il ne suffit pas d'avoir une grosse valise capable d'accueillir beaucoup de formules, il faut la classe pour être digne et reconnu.

Je suis consterné du constat de l'épaisseur de la psychopathie qui s'est emparée de ce que l'on appelle « les élites ». Le naturel va reprendre ses droits, mais il va falloir se dresser et le vouloir... Pour ceux qui ont un minimum de clairvoyance, de discernement, « la sortie de la caverne » est réalisée ou proche...

Il convient de ne pas perdre pied, il existe des alliés. Oui c'est une épreuve que de résister, mais, en toute sincérité, la sortie du marasme est une telle beauté que la souffrance ne saurait perdurer.

Grand merci à tous ceux qui ont permis le sursaut !

Edith C.

Électron libre évaporé dans la nature, fébrile et déterminée, je résistai, m'appuyant sur « la Pyramide des normes de droit » afin de préserver mon chemin de liberté, ainsi armée d'une attestation sur l'honneur en substitution à celle de l'ordre établi, quand, soudain, au détour des réseaux, la providence m'a tendu les bras en découvrant Reaction19. Un rendez-vous béni avec un colosse venant de bâtir cet appui marginal. Un pilier inébranlable. Je n'étais plus seule sur mon chemin chaotique ! NOUS étions, tel l'extraordinaire vol en V que les oies sauvages nous offrent pour modèle, ce relais de « la prudence, de l'astuce, de l'intelligence » et de la solidarité ! Depuis lors, je ne peux concevoir d'avancer sur ce terrain miné par l'indignité des tout puissants sans mes compagnes et compagnons de misère, sans le colosse qui maintient notre socle de résistance avec détermination, courage, don de soi et de son intelligence hors norme, celle du Cœur mêlée à celle du Savoir.

Merci à tous d'être au rendez-vous de la résistance et de la solidarité !

Bertrand D. L.
Dilatation des cœurs

Avec le temps va, tout s'en va,
Mais l'important ne s'oublie pas,
L'Amour reprend le premier pas.

Des Femmes, des Hommes...
Pour témoigner d'nos meurtrissures, d'notre désarroi,
Pour réapprendre à lire entre les lignes,
À faire confiance au gut feeling.

Sources de lumière pour dénoncer
Des injonctions mal éclairées,
Sources de lumières pour célébrer
Le bon sens, c'est notre humanité.

Des prosodies à l'infini
Pour toutes les larmes de la pluie,
Et quand tu t'annonces, ma Belle, toi, Réaction
Notre heure d'été, au diapason.

Thierry F.
J'écris pour toi, j'écris parce que c'est toi. Moi l'illettré des bas quartiers. J'apprends le droit avec toi.

J'écris pour toi, j'écris parce que c'est toi. Je suis celui qui écris sur les enveloppes qu'il faut la grâce pour investir un homme et assouplir son cœur. Ici, la grâce, c'est Carlo !

J'écris pour toi, j'écris parce que c'est toi. Quand j'écoute Carlo, je m'apaise, je me calme, pour ne pas faire un drame. La vie continue, le combat continue.

J’écris pour toi, j’écris parce que c’est toi. Mais que faire ? Combien de temps, vais-je écouter ? Peut-être prendre les armes ? Peut-être verser les larmes ?

J’écris pour toi, j’écris parce que c’est toi. Mais non ! Reaction19 nous apprend le droit, pas la violence ! Mais pour rester non violent, il faut être un vrai homme. Suis-je un vrai homme ?

J’écris pour toi, j’écris parce que c’est toi, Reaction19 est comme une boussole qui me permet de garder le bon cap.

J’écris pour toi, j’écris parce que c’est toi. Des mots pour des maux.*

J’écris parce que je crois à la force militante des mots !

Et, pour les autres maux, je vous laisse deviner qui nous les donne.

Au dernier instant, ils payeront leurs dettes.

Et nous, « au soir de notre vie, nous serons jugés sur l’amour » !**

* Attribué à Luis Sepulveda

** Saint Jean de la Croix.

Stéphanie B.

À toute l'équipe de Reaction19...
Adhérer fut pour moi un acte de résistance,
un moyen de me rassurer et de lutter,
de soutenir le bien... de belles croyances
dans une période folle et tourmentée,
où des voyous ont volé au peuple sa liberté,
sous prétexte de préserver sa santé !
Par votre action, vous apportez de l'espoir
en utilisant le droit, en réclamant la justice,
le respect de la loi, la protection des valeurs.
Le pouvoir au peuple, par le peuple, pour le peuple.
MERCI à Carlo et son équipe.

Évelyne & Max C.

Un inventaire à la Prévert : de l'oxygène, de l'espoir, du réconfort, de l'humour, des solutions, de l'oxygène, du sérieux, des rayons de soleil, un monsieur plein de dynamisme et de détermination, de l'oxygène, les chansons, du courage, des intervenants de haut niveau, une bouffée d'oxygène, de la musique, un homme courageux, du droit, nos droits... et de l'oxygène.

Merci, Carlo, pour ce cocktail détonnant et hypervitaminé qui nous accompagne et nous nourrit depuis trois ans, cette recette du bonheur qui nous a fait et continue de nous faire tant de bien.

Votre professionnalisme et votre sincérité font oublier les mensonges et la médiocrité de ceux qui vous jugent.

Nous vous aimons.

Nicolas S.

Reaction19 ? Une lumière dans la nuit. Un phare dans la traversée de l'obscurité. Une veilleuse qui brûle au feu de l'amour pour l'humanité. La raison et le droit contre la folie. Le courage de ceux qui font l'Histoire pour la liberté, la fraternité, l'égalité.

Diana L.

Un rendez-vous de chaque jour pour réapprendre l'espoir, le bonheur de vivre.

La joie, les mots, les phrases, les conseils, la tristesse, l'humour, la vérité, la musique, les amis, la bienveillance, l'honnêteté, tout est réuni pour se sentir vivre à nouveau.

Merci pour tous ces moments ! Merci pour cette chaleur italienne au fil des mots et de l'accent.

Vous étiez présents contre ces souffrances que le peuple a endurées, les soignants, les pompiers et tous les autres.

Merci pour avoir mis des mots sur tous ces maux. Ces maux non humains, stigmatisant l'humanité.

Merci d'avoir été là, et d'être toujours là pour eux, pour nous.

Merci pour votre intégrité, votre loyauté envers les valeurs que vous représentez.

Merci tout court.

Merci pour votre action Reaction19 !

Merci.

Gaëtane B.

Quand des nuages faisaient de l'ombre et que le ciel se noircissait, Reaction19 est arrivé comme un œuf. Oui, comme un œuf de Pâques, comme un cadeau doux et rassurant. Puisque difficile de bien vivre cet instant présent. Quoi que toujours rassurée au fond de moi (c'est ma nature), je voyais que tant était en émoi. J'ai été beaucoup sollicitée professionnellement et amicalement, et, calmement, j'ai pris du temps pour rassurer, comme Reaction19 l'a fait pour nous. Bien nous conseiller, nous accompagner et informer. Une période si chaotique qui ne ressemblait en rien à un doux quantique. Reaction19, pour moi, c'est le signe que la lumière existe et existera toujours quoi qu'il arrive et que, à la fin, c'est toujours la lumière qui l'emporte, il n'y pas d'autre choix. Un exemple : si nous avons une pièce qui est éclairée par la lumière, qu'elle soit artificielle ou naturelle, qu'il y a une porte et que, de l'autre côté, il y a une pièce dans le noir, dès que l'on ouvre la porte, c'est toujours la lumière qui va dans l'ombre, mais jamais l'inverse.

Merci à toute l'équipe de Reaction19, que la VIE vous accompagne et vous protège. De Tout Cœur et avec vous.

Soyons unis pour le meilleur, MERCIIIIIII !

J'ose

Je décide, et j'ose m'ouvrir à des pensées, des évènements ou des personnes nouvelles. Ainsi, je sors de ma routine, et je commence une vie pleine de rencontres, une vie riche et épanouie.

Alain Bonnet (92)
La crise Covid-19 m'a plongé dans la peur, la torpeur, l'incrédulité, la solitude ;
Reaction19 m'a apporté l'éveil, l'espoir, la combativité, la rage ;
Reaction19 m'a redonné ma dignité ;
Reaction19 m'a redonné goût à la vie...

Audrey Cartier (31)
En cette période tumultueuse ayant débuté par un virus sorti d'on ne sait ou, des confinements inédits, des médias surexcités au bord de la crise de nerf, j'ai rêvé d'une bouée où s'agripper pour ne pas sombrer dans la terreur. Reaction19, représentée par Me Carlo Brusa, m'a secourue in extremis. L'association a remis l'église au centre du village. Les informations précieuses, étayées et basées sur des faits réels m'ont permis de garder la tête froide et surtout de développer mon esprit critique.

Ces gens n'ont jamais quitté le navire, malgré une pression étatique, médiatique et publique inédites ; une pression volontaire et criminelle dont le but est de maintenir le peuple dans la peur, de le figer et de lui ôter toute envie de rébellion. Je me souviens, en ce jour terrible du 14 juillet 2021, lors de l'allocution du Président Macron, l'annonce de l'obligation vaccinale pour le personnel soignant au 15 septembre. J'ai pleuré. J'ai pleuré, car je réalisais que la démocratie était bel et bien finie, j'ai vu ce simulacre d'autorité dont le visage figé me rappelait celui d'une marionnette que l'on agite pour distraire une assemblée blasée, avide de sensations. Cette poupée de cire qui mimait une attitude engagée, sérieuse mais dont le regard trahissait un amusement malsain à aimer manipuler les foules. J'ai pleuré, car je savais que mes jours en tant qu'aide-soignante à domicile étaient comptés et que j'allais devoir me reconvertir (encore). J'ai pleuré pour mes enfants qui allaient subir des pressions pour se faire aussi vacciner dans leurs établissements scolaires pour ne pas devenir des marginaux. J'ai pleuré en comprenant que cela allait créer des scissions dans les foyers français qui n'ont vraiment pas besoin de ça. Après la stupeur est venue la colère, puis la tristesse et enfin la résignation. Reaction19 m'a accompagnée dans ce profond deuil. J'ai aussi réalisé que je n'étais pas seule dans ce marasme, que d'autres personnes comme moi étaient avides de vérité et ne se reconnaissaient plus dans les valeurs de cette société française dont la devise *Liberté, égalité, fraternité* n'a plus lieu d'être. Selon moi, il faudrait plutôt la changer par : *liberté conditionnelle, égalité relative et fraternité corporative.*

Mille mercis, Vivre Reaction19, vive Carlo !

Natacha Perrousset (69), 15 mai 2023

♫Am, stram, gram... Milgram! 🎼
Dédale de lois iniques de la Terre nous ferons.
Par l'absurde Videcoq19 asservirons corps et âmes
Et coule le champagne à flots.

🎼 Pic et pic et colégram ♫
Dédaigneux dieux odieux
d'un œil torve de cyclope algorithmique,
Minotaure et Moloch'down nous toisent.

♫ Bour et bour et ratatam 🎼
Peur et torpeur en leitmotivs imposés,
Mascarade mortifère, confinements,
Ruine et ségrégation sanitaire
À peau de chagrin nos libertés réduites,
Cobayes-citoyens injectés par Arn-messager de synthèse
ou de la société manu militari frappés d'ostracisme !

♫ Am, stram, gram... Milgram ! 𝄞
Coup de tonnerre, émergeants indemnes du mælström labyrinthique des épouvantes
grâce au fil d'Ariane Reaction19 :
notre essentiel contre-fiel.

𝄞 Pic ! Monsieur ; ♫
Non à l'injection eugénique obligatoire !
Non au pass sanitaire de la honte !
Réintégrez les suspendus !
Héros perspicaces, le doute sain,
Qui, pour avoir fait preuve d'éthique,
Furent voués, horreur, aux gémonies...

♫ Pic ! Madame 𝄞
« Graphènisé », « Nano-Bluetoothé »,
« Luciférasé », « QR-codé »
L'Humain totalement réifié,
En toute phosphorescence traqué,
Déambulant lobotomisé dans vos ghettos des quinze minutes, diantre !
Tels sont vos ténébreux desseins !
Ce sera trois fois Non !
Antigone recherche toute vérité caviardée.
Brusa vous scrute et le droit veille.
Une bulle d'oxygène
Et un immortel espoir :
Vivre en France Libre !
Merci à Me Brusa et à toute l'équipe de Reaction19 pour toutes vos lumières, qui nous ont guidés dans ces méandres juridiques tortueux qui ont jalonné d'embûches ces trois années ! *Verum index sui*.

Fabienne L.
Quelques jours avant l'arrivée du printemps, le 17 mars 2020 restera une date inédite chargée de multiples interrogations. Nous n'avons pas la télévision, nous écoutons des émissions culturelles à la radio, un poste en bois d'époque 1930. À 10 h 16, un ami de Paris nous écrivait par courriel entre autres ces quelques lignes : « Selon le communiqué officiel, on a encore le droit de sortir pour faire des courses... On ressent dans la rue une tension palpable mais aussi, pour certains, dont je fais partie, une grande sérénité qui parfois étonne, ça se voit au regard. Le bruit court que tous les Parisiens sont déjà contaminés, qu'au Danemark la vaccination est obligatoire, qu'il va y avoir un deuxième virus encore plus fort, que le confinement chez soi est, dans un premier temps, d'une durée de quarante-cinq jours, sans doute reconductible, tout cela avec des guillemets de prudence. Je ne crois pas qu'on puisse décemment forcer une vaccination, le consentement d'un adulte me paraît nécessaire, je pense plutôt que les non-vaccinés seront sous le coup de restrictions publiques, nous verrons bien, je n'ai pas le tempérament inquiet par nature. »

Si notre ami n'est pas inquiet, pourquoi le serions-nous ? Durant cette période, il nous a envoyé journellement de précieuses nouvelles pour nous instruire de la situation. Petit à petit, vers le mois de mai, nous avons découvert Reaction19. J'ai adhéré le 1er septembre et ai ensuite reconduit chaque année cet abonnement. Les différentes actions menées par ce mouvement ont été une sorte d'anxiolytique quotidien, le droit pour nous informer et nous défendre, une association unique au monde, au succès grandissant, certes critiquée voire bafouée et, pourtant, toujours debout. Car c'est bien la peur qui, en réalité, a été la vraie pandémie, qu'il fallait vaincre et dont vous, Me Carlo Alberto Brusa, avez su en pur droit nous libérer en vous opposant vertement aux directives autoritaires gouvernementales insensées.

De temps à autre, j'exprimais par courriel des points de vue, je signalais des dérives de restrictions et vous remerciais vivement au passage, ainsi que vos collaborateurs. J'ai communiqué le site de Reaction19 à des personnes en grandes difficultés. Dans notre quartier, où les ruelles sont étroites, les maisons en vis-à-vis ne sont qu'à quelques pas l'une de l'autre, on pouvait se parler depuis nos fenêtres. Cette rue se situant dans un Carré des Arts, j'ai encouragé les artistes à dessiner, à peindre, j'ai encouragé les parents à retirer leurs enfants de l'école et proposé l'enseignement à la maison. Les beaux jours venant, les fenêtres grandes ouvertes, je posais mon chevalet devant l'une d'elles et peignais inlassablement des souvenirs de paysages normands ; le soir, je m'imprégnais de vos interventions bienveillantes en droit, chaleureusement fraternelles, pour faire face le lendemain à une nouvelle journée. Dans le cœur des Français, des Italiens, vous êtes un sauveur, vous avez combattu courageusement sans relâche vos voisins de la rue du Faubourg Saint-Honoré, pour que chacun de nous, enfants et adultes de toutes générations, puissions respirer à l'air libre. Vous avez eu raison en tout, au titre d'avocat, au titre de président, vous avez été un père, un frère, pour nous tous.
Merci de tout cœur.

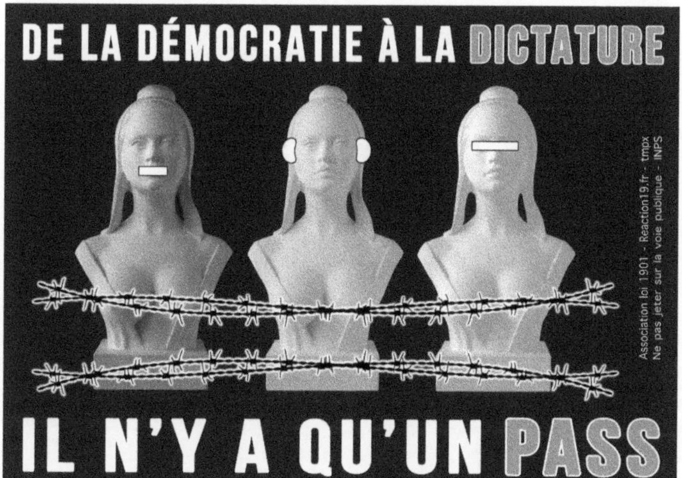

Nathalie B.

R *ares ont été ceux qui se sont mobilisés,*

E *n lui chevillés, l'esprit des lois et l'âme de la liberté,*

A *ccompagné d'une équipe hors pair, toujours à ses côtés,*

C *arlo nous a soutenus, revigorés et guidés,*

T *enant bon la barre de notre humaine dignité, notre corporelle intégrité,*

I *l s'est battu sans ciller et n'a rien lâché face à l'adversité,*

O *n lui doit beaucoup... On ne peut le nier,*

N *ous t'aimons fort Carlo, à n'en point douter !*

19 ***Mille baisers*** *Nathalie B*

Olivier Fabre

Un grand merci à tous ! Pour vos soutiens, vos valeurs de liberté, vos valeurs d'une vraie justice non corrompue, vos valeurs d'un droit exemplaire, vos espoirs chaleureux qui donnent envie de continuer cette lutte contre une oligarchie malsaine, diabolique, vicieuse, injuste et totalitaire. Faire barrage à cette « Bête » infâme à vos côtés m'a permis de faire face à l'autorité militaire qui ne me promettait que suspensions, rétrogradations et sanctions disciplinaires ! Ce soutien de la part de Reaction19 m'a été plus que salutaire. Il a été le bienvenu lorsque plusieurs de mes « collègues » de travail covidistes se sont acharnés sur moi, que les médecins militaires ressassaient à tour de bras les paroles « bien pensantes » du ministère de la Santé et de la Prévention et des ARS, « Protégez-vous les uns les autres », ou bien de leur part « la vaccination, un geste qui sauve des vies », etc. Pressions, effets dits « de meute », menaces, sanctions à l'appui, voila ce que j'ai subi pendant environ deux mois. Mais, grâce à Reaction19, à Me Carlo Brusa et tous les professionnels et bénévoles, j'ai pu tenir bon, ne pas craquer, et avoir toutes les informations nécessaires. Sans céder à la peur, à la sidération et au désespoir, j'ai pu constituer un dossier que j'avais mis de côté au besoin. Heureusement que tout a cessé, brutalement, je dois le reconnaître, et tant mieux. Cela m'a permis, tout en restant vigilant, de ne plus solliciter Reaction19 et de laisser l'énergie et les besoins de cette belle association aller vers les plus nécessiteux que moi. Maintenant retraité de l'Armée de l'air et de l'espace, je garde Reaction19 dans mon cœur et mon esprit. Je vous suis infiniment reconnaissant de m'avoir soutenu et de m'avoir ouvert les yeux.

Jean-Pierre Auffret (69)
Alors que Macron, Véran, Fischer et compagnie avaient instauré et rallongeaient à plaisir la terreur dans la population, anesthésiaient le pays, isolaient chacun, jeune ou vieux, amputaient la vie sociale, de rares voix se sont élevées pour rendre l'espoir et l'entretenir.

Parmi elles, celle de Carlo a bientôt su fédérer les indociles parmi les victimes de la tyrannie de ceux qui se gargarisaient de solidarité et de santé publique.

Rétablir un lien entre des reclus fut un premier avantage, régulièrement entretenu avec fougue, indignation, rigueur, humour et amour.

Un souffle de vie quand la mort accompagnait l'ennui...

Justicier sans masque, Carlo a mis le droit à la portée de tous pour défendre leurs droits.

Et avec quelle énergie ! Le jus au service du jus !

Que de rendez-vous complices et vivants au fil des semaines et des mois pour affronter les plus vaines et ignobles contraintes, attestations, amendes, masques, tests, suspensions et autres passes et contrôles.

Avec une espiègle saveur de clandestinité à chaque rendez-vous entre deux coups de censure.

Plus que la Science débauchée, les échéances électorales ont calmé le virus redoutable sinon ses souteneurs, mais notre Réaction les poursuit toujours pour leurs mensonges, leurs caprices et leurs excès.

Grâce à notre Réaction, nous, proscrits avons gardé notre dignité et sommes encore mieux armés pour défendre la Liberté !

Longue vie à Carlo et à son équipe ! *Forza e coraggio*!

Giovanna S.

MERCI REACTION 19

Lorsque Reaction19 est née, cela a été une superbe surprise de découvrir cette association à laquelle on a apporté toute l'attention et l'amour nécessaire pour la voir grandir dans un espace bienveillant où droit, vérité et valeurs nobles viennent nourrir et enrichir chacun d'entre nous grâce au père fondateur Carlo !

Chaque vidéo m'a beaucoup appris sur les textes de lois et la manière de les utiliser pour faire valoir nos droits, et Carlo le fait à merveille, car sa façon de nous l'enseigner ne m'ennuie pas du tout. Il rend le droit simple, explicite, clair, imagé et à la portée de tous.

Et puis, il nous rend attentif sur la justesse du mot, sur la puissance d'un mot et cela est très important, à l'heure où notre société ne fait que galvauder les mots, où on les « calpeste » ! Lui, il les remet à sa juste place et en extrait leur quintessence. Pour moi, c'est une belle leçon à retenir sur la qualité de notre expression.

Et puis il y a les coups de gueule de Carlo que j'adore, parce qu'ils sont sincères, intenses, ils viennent du cœur et on les vit au moment où il nous les diffuse, si bien que cela nous prend aux tripes. J'ai parfois une bonne partie de fou rire sur ses expressions et sa façon de souligner des évidences. Merci, Carlo, ça nous apprend beaucoup sur la défense de nos droits à l'oral et ça nous donne plus de courage et de confiance en soi.

Et puis il y a cette générosité débordante, qui transpire dans chaque vidéo, dans chaque partage, dans chaque manifestation. Nous avons à notre disposition une multitude de documents juridiques nous permettant de nous rendre de plus en plus autonomes pour défendre nos droits. Chacun de nous peut trouver le document adéquat en fonction de sa situation par rapport à toute la période que nous venons de traverser. Gratitude infinie !

Enfin, il y a l'amour, le partage et l'entraide, qui nous lient tous et sont présents à chaque instant. C'est bien cette union qui nous fait avancer, qui nous rend plus forts, plus résistants et surtout libres ! Ici, le droit a du sens et nous comprenons plus que jamais son utilité, ses fondements, son essence.

C'est ce qui rend Reaction19 unique !

Bella ciao.

Valérie F. (95)

Des mots pour soigner les maux : c'est ce que Reaction19 a su et pu faire pour moi, et certainement pour d'autres depuis trois ans.

Je n'ai pas eu le plaisir, pour ma part, de connaître l'association à ses débuts. C'est seulement en août 2021 qu'une collègue, qui refusait comme moi cette loi liberticide qu'est l'obligation vaccinale, m'a parlé de Reaction19. J'ai découvert que je n'étais pas seule, que nous étions nombreux à nous insurger contre des lois injustes et injustifiées. J'ai repris force et courage grâce à Reaction19.

J'ai découvert un homme d'une extrême générosité, qui osait dire tout haut ce que beaucoup pensaient tout bas, n'osaient ou ne savaient dire. Que d'agressions verbales et physiques nous ont été balancées par nos politiques ! Carlo a su (me sentant si comprise et partageant tellement votre ressenti, je ne peux que vous appeler par votre prénom non par votre titre, ne m'en veuillez pas), sait mettre des mots sur les maux. L'association créée et présidée par Carlo a su trouver les mots justes pour dénoncer toutes ces aberrations, ces lois liberticides, ces failles arrivant ainsi à soigner les maux provoqués par des mots d'une violence extrême (« j'emmerderai les non-vaccinés jusqu'au bout… »). Je n'oublierai jamais.

Se servir des mots pour faire valoir nos droits, les droits de ceux qui ont soif de justice et de liberté, j'ai compris cela grâce à Reaction19. Se servir des mots justes, faire la différence entre la loi et le droit en jouant par exemple sur les mots (voir, par exemple, les attestations avec le passe sanitaire : pouvoir n'est pas devoir mais simplement donner la possibilité de…) ; c'est aussi ça, calmer les maux.

Dire ce que Reaction19 m'a apporté lors de la crise Covid : est-ce que je saurais trouver les mots pour pouvoir dire ce que j'ai ressenti à la découverte de l'association et exprimer ma gratitude aujourd'hui ? J'étais anéantie lorsque l'obligation vaccinale est tombée. Je suis croyante et je dois reconnaître qu'en de pareilles circonstances, la foi est mise à rude épreuve. Je pleure encore en écrivant ces quelques lignes. Dieu existe ! La preuve avec Reaction19, avec Carlo et son équipe. C'est vous qui avez été là lorsque j'étais au bout du rouleau. Vous avez trouvé les mots pour me faire rebondir sans jamais fléchir, malgré tous ces moments difficiles, même s'il vous arrivait aussi d'être découragé. Vous m'avez permis de tenir, de continuer d'espérer, de me donner l'envie de ne pas me laisser faire et de me conforter dans mes opinions. Aujourd'hui, le combat n'est pas fini, mais, grâce à vous, j'ai repris confiance et ne veux plus avoir peur. Je veux me battre. Je ne saurais vous exprimer toute ma gratitude. Merci du fond du cœur, merci à Reaction19.

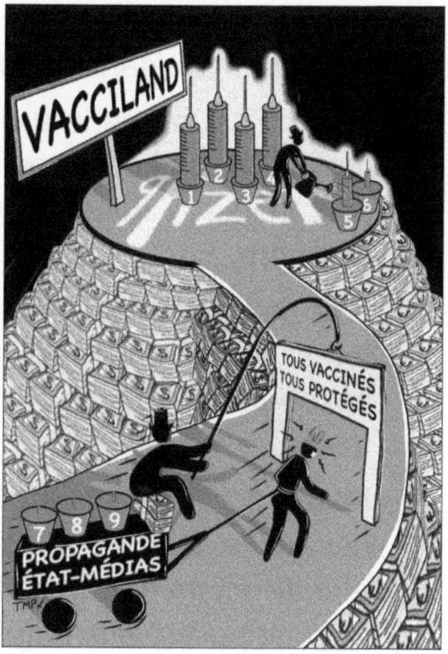

Patricia S.

Reaction19 m'a apporté, depuis sa création, du réconfort, de la confiance, de l'espoir. La présence de Carlo, toujours positif, toujours si juste dans ses explications, toujours à la recherche des failles pour coincer l'adversaire, et son énorme connaissance du droit ne peuvent que rassurer tous ceux qui croient en lui, l'écoutent et sont admiratifs de sa grande générosité et gentillesse. C'est un homme intègre comme il n'en existe plus beaucoup et nous ne le remercierons jamais assez pour son investissement. Merci, Carlo. Sans vous, nous n'aurions pas eu le courage de nous battre.

Patrick Cruard (72)

Bien plus que des mots…

En effet, bien plus que des mots pour soigner, ces mots ont été littéralement reçus et perçus au fil des semaines de combat comme de véritables outils pragmatiques, outils à propulsion d'air. Ces outils nous ont permis de nous mesurer à cet État délétère méprisant ses sujets.

Notre Liberté chérie a été atteinte, martyrisée, flagellée... Ces mots écrits, parlés, ces chants ont pu à nouveau soutenir l'insoutenable : l'unité ! Ainsi ont retenti les cloches de la liberté à défendre.

Ces mots ont soulevé notre indignation et ont pu renforcer la force de notre engagement, dans le respect de nos valeurs historiques et culturelles, mais aussi notre identité judéo-chrétienne.

Prises de conscience que nous n'agissions pas seuls, sur cet hexagone, qu'il nous fallait nous lever pour combattre et résister à cette infamie, à ces croyances pseudo-scientifiques dictées par une politique aveugle et corrompue, criminelle. Nous subissions tous cette dictature... L'expression, le choix d'accepter un avis contraire, voilà ce qui fait de nous une civilisation, du moins, j'espère encore !

Merci, Carlo, d'avoir su allumer cette flamme, mais aussi l'entretenir contre vents et marées. Le roseau peut ployer, mais ne rompt pas. Un vent de liberté s'est engouffré dans les voiles de nos embarcations, une brise insufflée par l'amour qui n'aurait jamais dû nous quitter a aidé à nous soutenir les uns pour les autres. Ces mots ont été vécus comme une espérance, mais aussi comme un chemin pour recouvrer les véritables sens de notre Humanité.

Merci, Carlo, pour tout ce travail, cet engament de chaque instant. L'histoire façonne les grands hommes, dans l'humilité et la force de leurs engagements.

Cindy L.

Reaction19 résonne en moi comme l'espoir, la bienveillance, l'humanité et la justice. Vous avez su trouver des alternatives pour pouvoir vivre « dignement », ce mot qui, à cette période, a perdu toute signification.

Les différentes actions menées par Me Brusa ont été d'une valeur inestimable pour pouvoir continuer de vivre comme un citoyen lambda.

Vous n'avez cessé de vous battre pour nos droits fondamentaux et continuez à le faire, pour cela je vous en suis très reconnaissante.

Vous avez été ma bouée d'oxygène en ces temps de crise sanitaire, ce qui me semblait injuste m'était confirmé par vos lives.

Votre détermination et votre investissement me donnaient de la force pour avancer. La liberté individuelle a été mise à rude épreuve, mais vous gardiez toujours votre sourire malgré cela.

Alors merci aux bénévoles, à Me Brusa et à tous ceux qui ont contribué et participé à ce combat.

Merci pour votre écoute, pour votre temps accordé sur les lives, le travail acharné pour nous les citoyens.

Merci pour cette équipe humaine, qui donne encore de l'espoir pour l'humanité.

Merci à vous d'exister pour combattre l'injustice.

Vous avez su redonner le sourire à ceux qui l'avaient perdu, alors continuez.

Merci, Reaction19. Avec toute ma gratitude.

Marie-Jeanne J. (67)

Reaction19 et son président Carlo Brusa ont été pour moi un phare et un pont pendant la crise Covid.

Un phare parce que, par les directs, par toutes les infos sur le site, ils ont éclairé la « nuit covid » et nous ont montré, à mon époux et à moi, le chemin pour éviter les écueils et ne pas faire naufrage.

Un pont, parce qu'ils ont transformé notre « île d'anti » en une presqu'île reliée à d'autres personnes comme nous. Nous ne nous sentions plus isolés, et cela nous a donné courage.

Nous attendions les directs avec impatience, ils nous ont permis de tenir bon...

Merci beaucoup, Me Brusa, pour tout ce que vous avez fait, pour tout ce que vous avez apporté... À notre tour, nous vous envoyons plein de « *good vibes* ».

Frédéric Z.

Ce que m'a apporté Reaction19 pendant cette crise imposée par les « merdias », c'est de la joie. La joie de voir que je n'étais pas seul, et que des personnes étaient prêtes à lutter pour la vérité. Cela m'a apporté de l'espoir, comme quoi les hommes et femmes qui pensent autrement que la pensée unique que l'on veut nous imposer peuvent trouver un phare dans cette obscurité.

Que ce phare illumine les esprits et libère les cœurs de ceux qui veulent autre chose qu'un monde formaté et déshumanisé.

Merci d'être toujours debout et LIBRES.

Franca C.

Bonjour à toute l'équipe...

Je suis Franca,

Et tiens à vous remercier, mais les mots ne seront pas aussi puissants pour exprimer ma gratitude, envers ce combat mené au sein d'une équipe bien soudée, telle une famille, nous tenant la main.

Cette force, cette bienveillance, l'énergie décuplée communiquée par Carlo chaque soir pour que nous ne sombrions pas dans cette épreuve malveillante, cette mascarade, envers chaque individu, imputant notre bien-être... notre santé... notre vie... notre libre arbitre.

En ce qui me concerne, cela m'a permis de me tenir la tête hors de l'eau, de ne pas flancher, ni de perdre pied, ni de perdre espoir...

Vous m'avez donné une force, une telle détermination et les clefs pour y faire face...

J'ai pu, à mon tour, informer, transmettre et rassurer autour de moi, pour celui ou celle qui voulait bien entendre... mais, au moins, j'ai essayé.

Tous les honneurs reviennent à Carlo et son équipe... Un grand merci à ces anges gardiens de l'univers, et bienfaiteurs d'une « VIE NORMALE, SIMPLE, et SAINE ».

NE JAMAIS PERMETTRE À PERSONNE D'ÉTOUFFER NOTRE VOIX INTÉRIEURE... NOTRE BIEN-ÊTRE... NOTRE SANTÉ... NOTRE LIBRE ARBITRE... NOTRE VIE...

Avec des milliers de... MERCI MERCI MERCI GRAZIE MILLE GRAZIE MILLE GRAZIE.

Annie D.

Un immense merci à Me Brusa, Carlo pour les plus familiers. Depuis trois ans sans relâche, au delà de votre fatigue, découragement, vous avez été et vous êtes un soutien indéfectible, nous les oubliés de cette France, les moutons noirs.

Aujourd'hui, nous sommes encore debout, plus forts, avec encore plus de certitudes. Merci de nous avoir éveillés, informés au droit. Cher Carlo, votre bonne humeur, même dans les moments délicats, a été salutaire, tout comme vos « coups de gueule », nécessaires. Nous avons traversé cette période plus soudés et cela nous a rendus plus forts. Le combat est loin d'être terminé, après le Covid, le climat, l'intelligence artificielle, le manque d'eau et j'en passe, le pouvoir facile.

Notre belle France, pays des lumières, des droits de l'Homme, est devenue aujourd'hui une France sous dictature.

Reaction19 a été notre bouée de sauvetage, notre bouffée d'oxygène, nous prouvant qu'il y a de belles âmes dans ce pays, dont vous êtes, ainsi que vos collaborateurs. Combien de personnes aidées ? Avec les attestations, cela a permis l'accès aux soins, de pouvoir rendre visite aux anciens dans les Ehpad, cette liste n'est pas exhaustive, sans oublier toutes les procédures engagées.

Merci, continuons ensemble unis pour la liberté, la paix et la vérité. Infinie gratitude. Soyez protégé.

Claude M.

Je n'avais jamais connu ça. Cette hypnose générale. Partout, autour de moi, ils agissaient comme « il fallait », comme on leur martelait chaque jour qu'il fallait le faire. Mes pauvres sœurs et frères humains, pathétiques, stupéfiés, tétanisés sous le pernicieux charme médiatique, troupeau de zombies cachant sans honte leur visage, leur sourire, leur humanité, sous des bouts de chiffons inutiles, vains, se tenant à distance sans raison, armés de regards suspicieux. La cause ? Éviter la mort, monsieur, vous pensez !

Soi-disant. Comme si on ne pouvait jamais éviter la mort avec un comportement de peur. La peur, c'est déjà la mort. Matérialistes en diable, donc morts à la Vie, ils ignoraient cette évidence spirituelle. Oh, ils n'y croyaient peut-être pas tant que ça au narratif officiel, mais on leur intimait de le faire, d'être cons-formes, à coups d'amendes s'il le fallait, ou pire. Lâches, ils obtempéraient devant les kapos de l'info, de la police et de la justice, les médecins frelatés, les chiens lâchés venant mordre leurs mollets s'ils ne réintégraient pas le rang, s'ils ne remontaient pas un masque négligé, s'ils ne présentaient pas le pass ! La non-conformité lucide était décrétée, sans plus de procès, crime contre l'humanité, irresponsabilité, complotisme, par les plus aveugles, les plus sourds, les plus crétins, la masse et son élite gouvernante, hélas.

Pourtant, à quoi bon vivre, si c'est vivre confiné ? Sans liberté ? Sans contact ? Sans joie ? Qu'est-ce que l'homme ? Pourquoi prolonger d'un matin son animalité pensante si c'est pour cette vie misérable ? L'existence n'aurait-elle aucun sens ? Ah, monsieur, que de questions inutiles, vous n'avez plus l'âge des questions existentielles, c'est déraisonnable, ne pensez pas, d'autres pensent pour vous, obéissez.

Eh, homme moderne ! Si fier de tes conquêtes, de tes inventions, de ta richesse matérielle, de tes valeurs – au fait, où sont-elles ? – est-ce donc là ton idée de la vie ? De l'humanité ? De toi-même ? Vivre pour vivre ? Comme un chien, un cloporte, un ver ? Dis donc, quel sommet de la civilisation ! Tu ne serais donc que biologie, chair surmontée d'un esprit qu'on dresse à obéir. Sans âme. Si tu restes tel quel, l'IA te remplacera, à coup sûr. La transcendance ? Fi, monsieur c'est d'un autre temps, pour des arriérés. Nous, nous sommes le progrès en marche, le sommet de l'évolution, la fierté du monde, la science l'a dit !

La fausse épidémie révélait au moins à tous cette existence plate, vide, fantoche, si commune, d'un humain ventru, replet, mais sans idéal, superbement imbu de lui-même, qui gagne sa vie à la perdre, voudrait juste prolonger indéfiniment ses petits tours à la mangeoire commune, ses rots d'auto-satisfaits, ses vacances en décors de rêve, sa bagnole rutilante, son portable, sa drogue politique et médiatique, son vote dé-mo-cra-ti-que (si, monsieur, nous qu'on est démocratiques !), qui pille et pollue sans vergogne la planète tout en se lamentant sur son sort, se culpabilise sur l'air, l'eau, la température et le vilain carbone, alors qu'il pète et chie dans tout ce qui vit, alors qu'il se met au garde-à-vous devant une élite plus idiote encore que lui, qui, de surcroît, ne veut pas son bien et qui croit encore, l'ignare, changer le monde avec des lois, des lois et des institutions, et quantité de déclarations solennelles mains sur le cœur, plus jamais ça, monsieur, la politique, quoi, en évitant surtout de se changer lui-même. L'absurde de l'existence moderne sautait au moins aux yeux de tous, dévoilait sa face hideuse sous le nez de chacun(e)... de ceux qui ont des yeux pour voir et des oreilles pour entendre...

En attendant, je me sentais bien seul, avec mon épouse, encore vivant, parmi les zombies agressifs ou apeurés.

Et puis, tiens... manif à Nation contre le port du masque ! Génial ! Reaction19 ? Brusa ? Wouah ! Des vivants... d'autres vivants ! Des humains ! Alléluia ! Je ne suis pas tout seul. Un peu de respiration. Merci, mon Dieu.

Roland G.

La liberté, un point c'est tout.
On ne quémande pas la liberté,
La liberté se prend, un point c'est tout.
Et quand on l'a prise, on ne la rend point !
Pour eux, la prison, pour nous, les ronds-points !
On se la garde pour nous, la liberté,
C'est le plus précieux des biens, la liberté !
La liberté, c'est doux,
La liberté, c'est fort,
La liberté, c'est tout et c'est imprescriptible.
Ô liberté immense,
À la frontière fragile,
Tu es ou tu n'es pas.
Tu es inaliénable.

Milada M.

Ce que m'a apporté Reaction19, avant tout, c'est du soutien +++, de l'aide, de l'information, des rires et beaucoup d'amour !

En écoutant et visionnant les vidéos de Carlo, cela m'a donné du courage et du baume au cœur !

J'ai beaucoup appris sur l'actualité, les faits divers et la loi.

J'ai assisté aux manifestations, j'ai participé au Convoi de la Liberté, j'ai aussi assisté à la journée des Libertés, avec la présence de personnes formidables, tous ces moments étaient merveilleux !

Malgré les difficultés, malgré l'agressivité, malgré le désespoir, malgré la peur, j'ai ressenti de l'amour, je me suis sentie heureuse et vivante, j'ai aimé ces moments de partage et d'unité, toutes ces personnes unies, partageant la même vision et opinion que moi, menant le même combat que moi, cela m'a donné du courage et de la joie au cœur, j'ai su que je n'étais pas seule et qu'il fallait se battre pour ses convictions.

Pour tout cela, je vous dis MERCI !

J'ai aussi apprécié l'aide que vous avez apportée aux personnes suspendues.

Je remercie aussi de tout cœur tous les bénévoles qui se sont mobilisés nuit et jour et ont contribué à faire vivre cette association.

Merci à Carlo pour son amour, son humour, son aide, son intelligence, son éveil, sa confiance en soi, ses convictions, sa force et son courage !

Merci à sa famille, son épouse et ses enfants d'avoir accepté de le partager avec nous.

MERCI DE TOUT MON CŒUR À REACTION19 ♥♥♥

Michel Antoine (68)

Reaction19 a été le coup de pouce pour nous aider à passer le cap du covid. Âgés de 75 ans, tous deux, mon épouse et moi, nous avons eu beaucoup de soucis de santé extérieurs à cette soi-disant pandémie, puisque nous avons côtoyé durant de nombreux jours des malades du covid, sans jamais l'attraper. Zinc, oligo-éléments, vitamines C et D, plantes, artemisia..., homéopathie pour renforcer l'immunité et nous ne nous sommes jamais faits vacciner contre ce covid. Il manquait la force psychique que Reaction19 nous a apportée, car il fallait chaque fois se faire tester pour se soigner à l'hôpital. Sur les vingt-cinq familles de notre rue, seule une autre famille a suivi notre exemple, malgré nos conseils. Grâce à Reaction19, nous avions notre potion magique pour tenir le coup envers et contre tous. J'ai même envoyé à la directrice de l'hôpital les textes fournis par notre association (sans réponse, bien sûr). Tous les médecins (huit docteurs) d'un cabinet ont été informés avec vos textes sur la réglementation rédigés par l'Association. Cerise sur le gâteau, le passe sanitaire européen m'a permis d'accompagner mon épouse maintes fois dans ses rendez-vous hospitaliers et même de partir en vacances dans un terrain de camping. Merci à Carlos Brusa, notre Président, ainsi qu'à l'Association pour ce bonheur de vivre que vous nous avez OFFERT.

Grâce à vous TOUS, nous avons survécu psychologiquement.

Très sincèrement : MERCI. MERCI. MERCI encore pour votre travail.

Nathalie Lecomte (59)

Ce matin où le ciel était gris, sombre de la peur des gens, noir de la colère des nantis... Ce matin où tombait l'obligation vaccinale que je savais mortelle pour mes enfants et moi, j'ai découvert Reaction19. Je ne me sentais plus seule et le ciel se découvrait enfin. Lisant les articles, écoutant les lives de M. Brusa, chaque jour je me sentais plus forte et plus déterminée à me battre jusqu'au bout.

J'ai crié ma vérité sur les réseaux sociaux, dans les réunions de famille ou d'amis, dans les manifs...

Quand ma volonté flanchait, je parlais à d'autres adhérents, et mon moral remontait.

Merci, Reaction19 de m'avoir fait découvrir que j'étais une femme forte et volontaire.

Maintenant, je sais ce que je suis capable de faire pour le bien-être de ma famille : je suis une battante.

Le combat n'est pas fini, loin de là... Il ne fait que commencer.

Emmanuelle J.

Parce qu'on avait perdu le nord, Reaction19 nous a apporté une boussole qui nous a indiqué l'espérance, la vérité, le bon sens.

Combien sommes-nous à avoir imaginé que nous étions perdus, fichus, bientôt suspendus ? Et la lumière a jailli, le lion a rugi. Comme Moïse, Me Carlo Brusa est venu nous annoncer les merveilles, les textes qui ont contrecarré les injonctions de Jupiter.

Des nuits entières, des jours, des semaines de batailles acharnées pour porter les nouvelles à tout le peuple, qui a compris que l'on pouvait imaginer un autre monde, une autre donne.

Merci pour tout le temps, les heures, le travail.

Ce n'est pas vain, ce sont des graines qui ont été semées, qui fleuriront et apporteront l'odeur de la victoire.

MERCI.

Hélène B. (64)

Reaction19 m'a permis de rencontrer un homme exceptionnel, Carlo.

Je l'ai d'abord rencontré à travers ses vidéos hebdomadaires.

Il m'a aidée, dans un premier temps, à connaître mes droits et à les faire respecter, alors que je me sentais démunie et seule face à cette manipulation politique.

Il m'a permis de rester en lien avec mes valeurs et de conserver ma dignité.

Il m'a permis aussi de défendre mon rôle de mère, piétiné à mon grand désespoir par le gouvernement et la majeure partie de la population. En effet, grâce à Reaction19, j'ai pu mener l'opération Oxychild dans l'école de ma fille et obtenir la mentonnière à la place du masque.

Cette opération m'a permis de rencontrer Carlo physiquement et, alors, j'ai été tellement touchée dans ma chair et mon cœur par sa bonté, sa générosité, son humilité, sa simplicité...

J'ai reçu à ce moment-là la confirmation que je me trouvais face à un homme de cœur plein d'humanité... face à un grand homme !

Et je suis aujourd'hui toujours impressionnée par son courage, sa ténacité et sa perspicacité.

Je n'oublierai jamais Carlo, il fera toujours partie des rencontres marquantes de ma vie et des personnes qui m'inspirent.

Merci sincèrement à toi, Carlo, et merci à vous tous !

Je vous souhaite le meilleur.

Oui, merci à tous, bien chaleureusement !

Graziella D.

Correspondante de presse, j'ai cherché des réponses à mes questions concernant l'absurdité de ce qui nous était diffusé dans tous les médias. Puis, un jour, je suis tombée sur la vidéo d'un *Rital* qui, comme moi, ressemblait à un autocuiseur prêt à exploser. Immédiatement, je ne me suis plus sentie seule dans la tourmente. J'ai été l'une des premières à adhérer à Reaction19 et, cette année, j'ai même fait un petit don. Carlo, tes idées sont les miennes, tu cherches sans cesse la vérité, tu cherches avec ton expérience, les moindres détails et, enfin, tu cherches et offres des solutions. Ton humour aide à traverser cette tempête absurde. Tu nous donnes l'espoir qu'un jour justice soit faite ! Depuis le début, tu nous as éclairés sur l'ensemble de cette supercherie, et j'espère qu'un jour, le peuple te remettra une médaille de la Légion d'honneur, une vraie ! Merci à toi et merci à toute l'équipe pour le travail colossal que vous faites pour notre liberté à tous ! Je ne vous envoie pas ces quelques mots dans l'espoir d'une quelconque gratification, mais juste pour vous exprimer ma gratitude.

Jo T.

À cette question, je réponds « simplement », du courage, de la force, de l'honneur et surtout une pensée à mon grand-père qui a connu les deux conflits mondiaux et me disait toujours : « Il n'y a qu'un seul et unique mot que tu dois toujours utiliser au présent, et ce mot, c'est **Liberté**. »

Grâce à cette « crise », ce mot (pour moi, en tout cas) a pris tout son sens « grâce » ou « avec » nos traîtres à la nation qui, de jour en jour, se sont fourvoyés en imposteurs. Reaction19 a plus été comme un second souffle, une confirmation que quelque chose n'était pas clair dans tout ce montage. Le temps le confirme.

Alors, encore merci, MAÎTRE, à vous, à vos amis, interlocuteurs, la liste est trop longue pour ici la mettre, et je sais que je vais oublier des gens de « l'ombre », mais ô combien précieux dans le début de ce combat qui ne fait que commencer.

Je termine avec ce mot, parfois si simple, parfois si compliqué, parfois qui nous donne larmes, joie... mais MERCI à vous tous d'être présents, d'être là.

Cordialement, respectueusement, amicalement... Ou tout ce que vous voulez y mettre derrière. ;)

Alexandra F.

Merci à Me Carlo Brusa d'avoir créé Reaction19, qui nous a permis, à moi et à mon conjoint, de garder espoir en la vie lors des premiers Covid-19.

Grâce à cette association et ses bénévoles, nous avons pu garder nos idées et nos certitudes sur le film qui se déroulait, convaincus que celui-ci n'était que tromperie et trahison de nos gouvernants, qui sont censés nous protéger et nous servir.

Heureusement, nous avons été quelques-uns à suivre Reaction19 et y adhérer, à suivre Carlo sur YouTube et même si, parfois, nous aurions pu perdre la tête avec les lois liberticides, nous n'avons jamais perdu espoir. Humains nous sommes, humains nous serons demain et pour encore quelques années, grâce à des personnes comme vous, qui êtes dans la lumière pour éclairer nos esprits, nous éclairer de bonnes intentions et nous conforter dans nos incertitudes et nos doutes.

Celui qui est parti rejoindre les étoiles, oui, le très cher Pr Luc Montagnier, nous avait prévenus : les non-vax seront les gardiens de l'humanité !

Merci à Reaction19 et tous ces gardiens de l'humanité qui nous

font espérer que, demain, il y aura une fin à tout, comme il y eut une fin à Hitler.
Paix, force et courage.

Manon Torielli (13)
Très vite, au début de cette crise dite « sanitaire », nous avons éteint la télévision. Ayant la chance d'habiter à Marseille, nous avons suivi les conférences du Pr Raoult depuis l'IHU. Il nous a rassurés et enseigné ce que nous étions en droit de savoir.

Presque tout de suite, nous avons compris qu'il se passait quelque chose d'anormal, d'absurde, d'intolérable. Et puis, dans notre quête d'un éclairage fiable et argumenté, nous vous avons « rencontré », vous, Me Brusa, dès la création de Reaction19. Un avocat, un Italien – je suis d'origine italienne des deux côtés – parlant de droit, de liberté, de légitimité. Un homme de passion, parlant vrai, un homme de flamme, généreux, humaniste, alliant la rigueur et l'humour. Un homme merveilleux qui a mis ses connaissances, son énergie et le plus clair de son temps à notre service, à nous, les moins que rien, les rebelles, les laissés-pour-compte.

Combien de moments d'angoisse, de découragement, de détresse sans nom êtes-vous venu illuminer de vos paroles d'espérance, de vos précieux documents, qui nous ont permis de contourner l'ignoble injustice qui tenait lieu de loi et de doxa ?!

Me Brusa, Carlo, vous me faites penser à mon héros préféré, Cyrano de Bergerac. Vous avez son courage, sa verve, sa frénésie, toujours au service de la liberté et de l'humain, pourfendeur de la morgue des puissants.

Vous avez son sens magnifique de l'honneur. Vous avez son PANACHE !
MERCI À VOUS ET À TOUTE VOTRE MERVEILLEUSE ÉQUIPE.

Françoise R.
« Des mots pour soigner les maux. » Non pas pour avoir un prix, mais parce que le courage, le dévouement, n'ont pas de prix,

Merci à Carlo Brusa et à tous les bénévoles qui ont travaillé avec lui.

Il était bon de savoir que les amoureux de la vérité et de la liberté pouvaient trouver un appui.

Manjakajoro M.
Lors de cette période difficile, tourmentée et oppressante, une adhésion m'a permis de faire partie du groupe Reaction19, qui a sauvé nos vies ! Nous n'avions que mon salaire et je devais garder mon travail. J'ai eu à maintes reprises des sueurs froides et le sommeil haché. Mais, grâce aux formulaires, j'ai résisté et ça a fonctionné.

Je n'aurai jamais assez de vocabulaire pour vous remercier. Une chose est certaine, c'est qu'en vous écrivant, j'en pleure encore et cela semble peu, peut-être, mais ça vient du cœur : que l'Éternel vous bénisse abondamment !

Jacques B. G.
Bonjour, Carlo, votre présence au long de cette longue période chaotique et sous l'emprise d'un régime totalitaire a été synonyme d'ESPOIR. Vous faites partie de ceux et celles qui se sont investis pour que le mot LIBERTÉ ne devienne pas un vain mot perdu dans le dictionnaire, mais surtout pour qu'il garde sa valeur sacrée dans nos institutions et dans notre vie de tous les jours.

Pour tout cela, MERCI infiniment.

Avec toute ma sympathie et mes encouragements pour la suite, car ce n'est malheureusement pas encore fini. Bien à vous.

Danielle C.

Reaction19 m'a apporté :

- la reconnaissance d'un mode de penser libre ;
- le partage d'idées et la conviction d'être dans le vrai ;
- l'espoir de faire éclater la vérité pour enfin éveiller les consciences ;
- les super vidéos de Carlo qui, inlassablement chaque mardi (je les écoute en différé), m'instruisent et m'élèvent toujours vers le haut ;
- l'opportunité d'avoir des informations et des interviews de qualité ;
- et puis, bien sûr, la chance d'avoir fait la connaissance de CARLO, pour lequel j'ai le plus profond respect. C'est un personnage d'exception, qui se met au service des plus « maudits » et redonne de l'espoir ;
- et ma casquette que je porte fièrement en l'honneur de Reaction19.

Merci pour tout à toute l'équipe. Mon réabonnement se fera autant de fois que possible.

Nicole P.

Les premiers moments de stupeur passés à l'annonce de cette « pandémie », un grand doute m'a envahi. J'ai rapidement eu le sentiment d'une grande manipulation, mais, on le sait, il ne faut pas se fier à ses « sentiments » ou à ses « impressions ». La dramaturgie télévisuelle m'apparaissait comme une propagande bien orchestrée et le doute s'installant, je me suis très vite attelée à un travail de recherche dans le but de m'éclairer sur cet évènement, tant au point de vue sanitaire que sur les aspects législatifs et juridiques.

J'ai plutôt mal vécu les restrictions drastiques, les atteintes aux libertés fondamentales jamais encore mises à l'œuvre dans notre pays. J'ai également été très choquée par les comportements moutonniers de nos concitoyens apeurés et leur manque d'esprit critique. Ce sentiment d'isolement a été encore plus fort quand, refusant la vaccination, je me suis retrouvée suspendue de mon travail et mise à l'écart par la majorité de mes proches. J'en garde encore aujourd'hui un sentiment douloureux. J'ai créé une page Facebook « La Mouette se réveille » pour relayer les informations que je pouvais obtenir.

C'est dans le cadre de ce travail de questionnement que j'ai pu découvrir, entre autres, Reaction19, qui m'a été d'un précieux soutien, me confirmant bien souvent dans mes analyses sur la situation démocratique de notre pays. Ce soutien a été une bulle d'oxygène pour moi, me sentant bien moins seule et isolée. Merci à vous, merci du fond du cœur pour votre travail. N'ayant plus d'emploi à ce jour, je ne peux vous apporter l'aide financière que j'aurais voulu vous adresser, mais je vous renouvelle ma gratitude et mes remerciements.

Valérie D. F. S.

Joyeux anniversaire à cette magnifique entreprise emblématique de la lutte légale contre les abus de pouvoir en tout genre ! Grâce à la générosité sans borne et au grand cœur de Carlo, les Français ont eu à leur côté un valeureux défenseur de leurs droits à la hauteur des grands enjeux de notre société en mutation.

Merci, merci, merci à toute l'équipe de nous avoir soutenus avec une telle énergie et un grand courage. Bravo d'être encore là, porteurs d'espoir de David contre Goliath. Vive la liberté et la fraternité humaine !

Gilda S.

Reaction19 a été, pour moi, une révélation lorsque je l'ai découverte.

Je n'étais plus seule au milieu de ce marasme, un sauvetage, une main tendue.

Carlo, par sa verve et son énergie, m'a toujours aidée à y voir plus clair et à garder espoir en un avenir possible.

Il a été aussi plus facile de partager ces informations avec les plus endormis et d'essayer de les réveiller.

Pour tout cela, MILLE MERCIS. Que l'univers veille sur vous !

Régis Maugey

J'ai découvert et adhéré à Reaction19 en février 2020. Grâce à Reaction19 j'ai pu découvrir comment les politiques nous trompent et nous manipulent en contournant le droit juridique. Je n'ai, pour ma part, pas eu besoin de faire usage des moyens de défense juridique mis gracieusement à notre disposition par Reaction19 pour défendre nos droits. En effet, je suis artisan et cela m'a facilité la tâche pour passer entre les « mailles » du filet de la « cabale » (jamais de test PCR ni vacciné). Je participe avec grand plaisir aux actions juridiques lancées par Reaction19, à savoir plaintes « Ce ne sont pas des vaccins » (partie civile), les masques, injure du président, etc. Dès la publication du flyer *Zone Libre*, je l'ai collé sur la fenêtre de mon local professionnel pour bien faire comprendre qu'ici, je suis en conformité avec le droit et respecte l'intégrité physique de mes clients en terme de santé. En tant qu'artisan, j'ai fait circuler sur les réseaux sociaux la photo de mon local avec le flyer pour faire savoir que des entreprises sont solidaires. Depuis la crise covid, j'ai eu à plusieurs reprises la visite de gendarmes et policiers en civil ou uniforme, du personnel de santé pour m'apporter du matériel en réparation, ils ont vu le flyer *Zone Libre* et n'ai jamais été inquiété par la suite.

Je remercie avec beaucoup de gratitude Me Carlo Brusa et toute l'équipe de Reaction19 pour leur investissement et dévouement pour faire valoir nos droits.

On ne lâche rien. Avec tout mon respect.

Christine D. M.

Je n'ai pas pu adhérer à Reaction19 faute de moyens financiers : la situation « covid » et la fausse pandémie m'ont pris mon emploi, et ma situation financière s'est vite dégradée. J'ai refusé les injections de produits expérimentaux et, bien qu'en contact permanent avec du public, le c19 n'a touché personne dans l'entreprise que nous tentons de sauver (pas de rémunération, pas de fond de solidarité, ni aides aux charges, etc.). Tous nos dossiers personnels, à mon mari et moi, ont pris un temps fou (nous devrions bénéficier du RSA depuis des mois, nous y aurons peut-être droit ce mois-ci, etc.

J'ai suivi autant que j'ai pu les évolutions et sujets traités par Me Brusa et toute sa fantastique équipe, et je reste très intéressée, car je rêve d'une justice qui mette à plat tout ce que nous avons vécu depuis trois ans et que les coupables soient jugés comme il se doit. Notre pays, comme tant d'autres, souffre de profondes injustices liées au « deux poids, deux mesures » : ici, cerise sur le gâteau, nous sommes gouvernés par des personnes mises en examen qui sont à la solde d'une poignée d'utopistes malveillants qui comptent nous réduire à néant : nous ne sommes rien, nous ne valons rien, etc.

Il me semble impératif d'agir pour rétablir la vérité, pour que plus jamais nous ne puissions subir sans recours de telles situations rocambolesques (plages dynamiques, auto-attestations, interdiction de travailler, fermetures administratives de commerces) sans fondement scientifique. Je ne décrirai même pas ce que je pense de la maltraitance faite à nos scientifiques indépendants réputés mondialement. Nous avons vécu une aberration qui n'est qu'un tremplin au crédit social « à la française » ou « à l'européenne », qu'on prépare pour nous. Si rien n'est fait, il n'y aura plus aucun moyen de défendre nos pauvres dernières libertés. Avec le pass carbone et bientôt le pass sur l'accès à l'eau potable qui se profilent, la disparition annoncée du cash et l'incitation permanente au tout-numérique, y compris pour les paiements, nous y allons tout droit. Nous serons bientôt aliénés par ces systèmes préparés en catimini pendant qu'on détourne l'attention avec une guerre qui n'est pas la nôtre, sur fond de manifestations contre la réforme des retraites – d'ailleurs, où étaient les syndicats pour défendre leurs adhérents lors de la crise coco ? L'OMS s'est déjà vu confier un rôle supérieur aux nations, je crains, hélas, qu'on nous prépare une ou plusieurs autres « plandémies » pendant qu'on sur-développe la 5G et bientôt la 6G, qui ont leur rôle à jouer chez les sujets à qui a été injecté de l'ARNm artificiel séquencé. L'humain a été hacké réellement. Une partie de la population ne réagit plus aux sujets qui étaient si importants avant les injections. Je croise les doigts pour que le travail de Me Brusa et de ses collègues puisse aboutir : si le droit individuel et collectif est confisqué, nous serons réduits à l'état d'objets dont on peut disposer à souhait, un cauchemar pour nous et les générations à venir.

Sylvie P.

Déroutée, choquée, mise sur le banc des accusés. Isolée, incomprise, montrée du doigt. Se regrouper, rejoindre une structure, rejoindre les miens, ma vraie famille. Ceux qui partagent mes valeurs, contrant la peur. Mes parents, mes amis ne sont plus forcément dans le même camp. Totalement dépassés par les événements, ne comprenant pas le moindre mot de toute explication. Dormant, hypnotisés et sclérosés par une propagande médiatisée qui donne bonne conscience pour être rassuré.

Il faudrait revenir en arrière, au moment des gestes barrières. Toute cette confusion et immobilisation ont permis de mettre en place le plan immonde dont certains se moquaient, en profitant de notre neutralité absolue. Transhumanisme et mutants programmés. Zombies errants robotomisés, regard flottant et code barre installé par un savant mélange de nanotech injectée. Que toute cette comédie cesse ! Que l'on reprenne le cours de nos vies et le fruit de nos interdits ! Que les rangs de Reaction19 grossissent et forment un bataillon par ci, un bataillon par là, et qu'avec la puissance de notre bon droit, nous puissions contrer le plan de ceux qui veulent nous mener par le bout du nez ! Happy Birthday à Reaction19. Vive Carlo et l'ensemble des bénévoles !

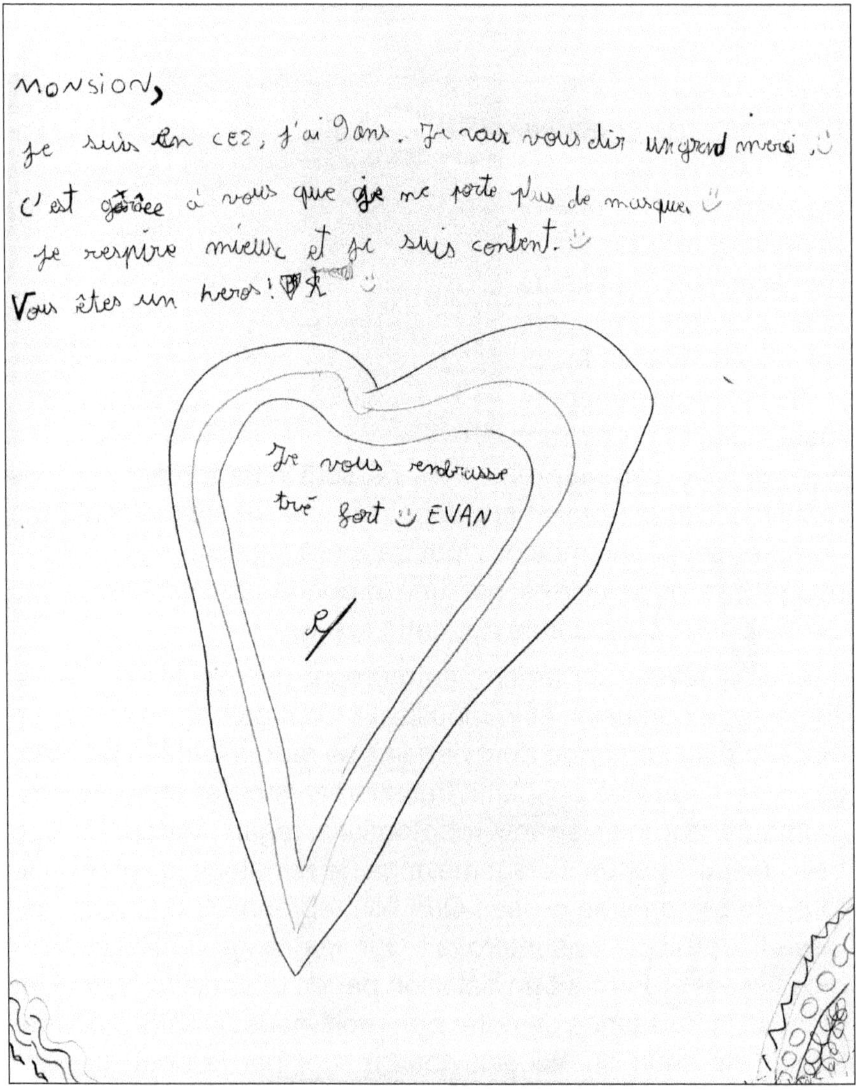
Monsion,

Je suis en CE2, j'ai 9 ans. Je vaux vous dir un grand merci.

C'est grâce à vous que je ne porte plus de masque.

Je respire mieux et je suis content.

Vous êtes un heros!

Je vous embrasse tré fort EVAN

Régine F.

Sans Reaction19 et Me Brusa, je ne sais pas comment j'aurais pu supporter ces trois années passées. Isolation, absence d'information, abus en tout genre. Vous êtes la VOIX de l'espérance, du soutien, vous êtes notre LUMIÈRE. Je suis particulièrement admirative de votre force, de votre énergie, de votre courage. Vous nous offrez votre expérience, votre savoir, vous nous apportez des conseils sérieux, juridiques, vous êtes notre seule et unique source fiable et notre seul et unique soutien. Toujours au rendez-vous depuis trois ans pour nous décortiquer toutes les lois et les agissements abusifs de tous les systèmes de notre société. Nous avons toujours besoin de vous ! Nous avons peur de l'avenir ! Nous avons besoin de vos analyses, de vos actions.

Prenez plus de temps pour vous, pour votre exercice d'avocat, pour vous reposer !

SVP, ne nous lâchez pas, JAMAIS.

MERCI pour toutes ces années de travail, de sacrifice, de perturbation de votre vie privée et professionnelle.

MERCI pour votre combat pour nos LIBERTÉS. VOUS êtes notre HÉROS. Si on devait refaire une statue de la Liberté, c'est VOUS que j'imagine tenant le flambeau de la liberté pour réveiller et éclairer toutes les populations de notre monde sur le vrai sens du mot LIBERTÉ.

Merci à vous et à toute votre équipe de Reaction19. NOUS AVONS BESOIN DE VOUS.

Zineb B.

Ce que je pense de votre association ? Génialissime ! Vous avez redonné un grand espoir à mon frère, que les infirmiers chargés de la cellule greffe voulaient retirer de la liste des demandeurs d'organe. Ils ont fait marche arrière et ont arrêté de nous harceler. Grâce a votre vidéo, gratitude immense. Je ne manquerai pas de vous aider financièrement. Restez combatifs, la guerre n'est pas finie. Ne nous laissez pas tomber, que Dieu vous protège, vous et votre équipe.

Jean-Claude L.

Cher Me Carlo BRUSA, à l'occasion de la fête des trois ans de l'association Reaction19, je tenais à vous faire part, ainsi qu'à toute votre équipe, de ma profonde reconnaissance, pour tout le soutien et l'assistance apportés en défense de nos droits fondamentaux et libertés qui ont été fortement malmenés à l'occasion de la crise Covid. Véritable guerre contre le peuple et la démocratie, l'action et le travail colossal accomplis par Reaction19 à l'aide de formulaires et de notes juridiques ont montré leur efficacité pour pouvoir contrer, contester des mesures arbitraires, contradictoires, incohérentes, et coercitives imposées durant cette crise dite « sanitaire ». Je peux d'ailleurs en témoigner personnellement, car j'en ai bénéficié pour voyager ou contester une amende. Je tenais, de même, à saluer votre courage, détermination et avant tout bienveillance, qui ont été et continuent d'être d'un grand secours dans cette époque de « grand basculement ».

Temps difficiles, certes, mais très féconds en ce qui me concerne, car ils m'ont permis, malgré toutes les difficultés et violences subies, d'enrichir mes connaissances, de rencontrer et de créer des liens de solidarité et d'amitié avec de magnifiques personnes. Je vous remercie d'y avoir grandement participé avec votre valeureuse équipe ! Je souhaite que l'association Reaction19, qui a d'autant plus sa raison d'être, puisse continuer à nous accompagner et à nous éclairer dans tout cet « occultisme » ! Que, d'autre part, nous puissions coopérer ensemble, sinon à changer le monde, du moins à apporter quelques remèdes de bon sens et de droit à ce monde malade ! Avec toute ma sympathie, je vous adresse, chers Maître et équipe de Reaction19, toutes mes plus sincères et cordiales salutations.

Esther S.
Je vous suis depuis le début. Vous avez confirmé mes doutes. Vous m'avez maintenu la tête hors de l'eau. Vous m'avez donné la force de dire non à toute cette folie. J'ai pu aider des amis en panique. Pour tout cela, un grand merci et une gratitude infinie.

Pascaline S.
Savoir comprendre, analyser, faire la différence de manière libre et objective... quelques points que Reaction19 a su apporter au moment où l'on nous fait douter même de nous-mêmes ! Simplement nous conforter dans notre choix de libre arbitre sans pression ou influence extérieure... la liberté de pouvoir penser et agir différemment en conscience. Pour tout cela, merci d'exister !

Daniel S.
C'est l'association qui m'a donné de l'espoir dans cette fausse pandémie qui nous a enfermés dans une dictature sanitaire par un confinement dévastateur pour les relations sociales et familiales. Je me suis raccroché aux déclarations pleines d'espoir de Me Brusa. Dans ces moments de détresse, se savoir soutenu dans notre vie quotidienne est très important pour survivre. Cette période a été très traumatisante et les séquelles sont toujours présentes. Le moment de rendre des comptes est venu pour faire le deuil de cette sinistre période. Le combat doit

continuer plus que jamais, car le pouvoir maléfique est toujours à la manœuvre, avec des manipulations diverses et variées. La vigilance est de mise pour ne pas nous faire piéger à nouveau par des idéologies plus que douteuses. Soutien inconditionnel à Me Brusa.

Marie-Martine M.

La fausse pandémie nommée « covid » a confirmé mon intuition lors des première informations télévisées en 2020 : l'annonce d'un très dangereux virus. Des Chinois meurent dans les rues. Je vois et je dis : « C'est un film de science-fiction. » Au même moment, mon fils au téléphone me dit : « Maman, tu as vu ?
– Oui, je réponds, nous sommes en prison. »

À partir de là, je me rapproche de ma famille, de mes amis, des victimes injectées, également avec beaucoup d'empathie. Nous nous rassemblons, l'union fait la force.

Après m'être renseignée, une oligarchie est visible, dangereuse, machiavélique. Battons-nous sans plus tarder. Mon côté résistante se réveille en manifs, sur les réseaux sociaux. Je m'informe, j'adhère, je signe. Par les manifestations, les collectifs se forment : Réinfocovid, Solaris, Reaction19..., dont je fais partie, un brin d'humanité. Ça fait du bien !

Se comprendre, partager un bout de terre, je remercie l'univers. L'envie se fait de fabriquer un vin d'orange, des légumes fermentés, de la confiture de citre, de la choucroute.

Je m'engage aussi dans l'association Les Croqueurs de Pommes. Avec la taille des arbres, les maladies traitées n'ont plus de secret pour moi.

Je peux dire maintenant que la nature, c'est nous, et nous la nature. Elle nous nourrit spirituellement, physiquement et ça, je le sais.

Je remercie cette crise de nous avoir permis d'identifier ce qu'il y a de plus cher au monde : MÈRE NATURE.

Kristell Le Bras (33)

Infirmière dans un hôpital public, j'ai pu constater les incohérences entre ce qu'il se passait à la télévision et sur le terrain. J'attendais l'apocalypse venue de l'est, mais rien. Il faut dire que j'étais loin, à l'ouest, mais quand même... Que dire des décisions et discours politiques ? Un soi-disant « vaccin » est apparu, inconnu, non testé. Les personnes âgées vont servir de cobayes et, pour une grande partie de la population, ce n'est pas choquant. Beaucoup de collègues s'empressent de se faire vacciner. On commence à parler d'obligation vaccinale. L'été, des « clusters » apparaissent dans les maisons de retraite et les boîtes de nuit où le pass est demandé. Je constate donc que le vaccin n'est pas efficace. On ne va quand même pas nous forcer. Pourtant au mois de juillet, le couperet tombe et je suis anéantie : je vais devoir y passer. Le lendemain, je me ressaisis, je ne céderai pas. La population est divisée. Mes parents sont scandalisés : « Tu vas perdre ton boulot, ton diplôme, ton D.U., c'est du gâchis ! Je n'ai pas envie de me faire soigner par une personne non vaccinée... Mon beau-père, ironique : elle va être obligée ! » Non, non et non, ce n'est pas possible ! Dès que j'entends parler de manifestations, je m'empresse de les rejoindre. Cela me fait le plus grand bien de retrouver des gens sensés et d'y reconnaître certaines personnes. Je fais la connaissance d'autres soignants et nous nous regroupons en collectifs. Moi qui me sentais seule au travail. Une connaissance me parle de Reaction19. Au premier abord, je ne suis pas séduite par le site qui me semble fouillis. J'ai du mal à m'y retrouver. J'y retourne un peu plus tard et y vois plus clair. Je me rends compte du combat que mène Carlo Brusa, de sa ténacité, de sa combativité. Cet homme de loi me paraît juste. Ses vidéos m'aident à

garder le moral, le courage de défendre ma liberté. J'ai donc adhéré en août 2021. Je suis régulièrement ses vidéos. Je regrette vraiment de ne pas avoir découvert cette association dès le début. Aujourd'hui, nous sommes à deux doigts d'être réintégrés et je ne suis pas sûre d'en être contente. Cela ne règle pas le problème. Nous sommes toujours opprimés par le gouvernement. Je continuerai à suivre Reaction19 tant qu'elle sera là. Et, surtout, un grand merci à toute l'équipe de l'association !

Muriel F. B.

Merci, merci beaucoup pour vos explications, vos informations et toutes les merveilleuses rencontres que vous avez permises.

Véronique F.

Reaction19 a joué un rôle capital dans cette période sanitaro-politique, où j'ai eu une impression de penser si différente de tout le monde. Vous m'avez rassurée : je n'étais pas dingue et c'était bien une manigance de notre gouvernement. Reaction19 a été un soutien inconditionnel, avec un Carlo Brusa qui s'est battu comme un lion pour faire appliquer les lois, et encore et toujours.

Carlo Brusa, un homme de cœur, qui a dû aider tellement de personnes... Reaction19 a été l'espoir de voir changer les choses dans cette folie covidiste, d'entrevoir et retrouver enfin notre LIBERTÉ !

Merci pour tout cela.

Hervé L.

Merci à Carlo Alberto Brusa, président, animateur, rédacteur, homme-orchestre, qui a su, par sa riche personnalité, maintenir le moral du peuple. Son magnifique travail d'information sur le droit a permis à beaucoup de conserver dignité et souveraineté d'être humain dans un monde dystopique manipulé par des monstres diaboliques mondialistes transhumanistes.

Il nous a permis, par ses éveils constants, de faire face à l'adversité des SS pervers qui nous menacent au quotidien et de résister à leurs kapos collaborateurs du monde des Big Pharma.

Désormais, la médecine devra faire un grand ménage pour épurer de ses rangs les « Mengele » zélés qui ont contribué à nuire terriblement à la liberté de santé de l'humanité.

Il faut réunir toutes les preuves pour les écarter de l'exercice de la médecine à l'avenir et les empêcher, en les condamnant pour leurs actes génocidaires.

Bien évidemment, chacun des membres de l'association peut apporter son témoignage des trois ans de saloperies inhumaines que ces médecins et soignants collaborationnistes destructeurs de vie nous ont fait subir, ainsi qu'à à nos proches. L'association Reaction19 doit continuer son travail d'éveil et d'information sur le droit et désormais dans d'autres domaines que la santé, notamment tous ceux qui contribuent au maintien de la souveraineté et des libertés individuelles de l'humanité.

Le prochain challenge dans la continuité des sujets de santé demeure dans l'empêchement de l'OMS, qui prépare des actions encore plus terribles que celles traversées jusqu'à ce jour, notamment son emprise léonine et dictatoriale sur les gouvernements du monde en matière de santé. L'association Reaction19 doit participer à la rédaction d'une charte des libertés en matière de santé (sur tous les plans et également ceux non liés aux injections et à la pharmacopée).

Chacun doit pouvoir se soigner à sa guise et choisir son thérapeute.

Les États, s'ils doivent protéger les peuples, ne doivent pas s'immiscer ni imposer, selon des choix politiques incertains, ce qui ressort de l'intimité et des choix philosophiques de chacun.

Revenir aux fondamentaux de la déclaration universelle des droits de l'homme, s'y tenir et renforcer son application.

Agir pour neutraliser les journalistes menteurs et félons qui ont servi la soupe infâme de soumission et destruction collective des humains, commandités par leurs maîtres financiers, ces diaboliques du « rocher noir ». Agir pour protéger les femmes et les enfants.

Christiane C.

Nous ne vous remercierons jamais assez pour votre dévouement et votre amour de l'humanité. Grâce à vous, nous avons retrouvé l'espoir, le soutien moral et écrit, la chaleur humaine, dans ces moments où notre nouveau prénom était « complotiste ». Nous ne vous oublierons jamais et nous continuerons à vous soutenir en suivant vos actions physiquement et avec notre petite participation pécuniaire. MERCI INFINIMENT.

Hervé B.

J'ai adhéré à Reaction19 sans me dire que cela pourrait m'apporter quelque chose. Je ne suis pas déçu. Je n'avais donc pas l'intention de participer à ce concours. Puis, je me suis dit qu'il serait dommage que seuls ceux à qui cela aurait apporté quelque chose s'expriment. D'autant plus que je renouvellerai mon adhésion (cela serait bien d'envoyer un mail pour me le rappeler). La question serait plutôt pourquoi je suis adhérent ?

Peut-être parce que Me Brusa ne cherche pas à aider les gens, mais qu'il parle de ce qu'il fait, du droit, et met à disposition des outils qui peuvent être utiles à tous.

J'écoute ses vidéos, bien que je ne sache pas dire pourquoi. À chaque fois, j'ai l'envie de dire que je ne suis pas d'accord et puis je me dis à quoi bon. Loin de moi l'idée de l'empêcher de faire ce qu'il fait et encore moins de le décourager. Pourtant, je pense que cela ne sert à rien, pour la raison simple que si je ne peux pas le faire changer d'idées, le sortir de sa propre doxa, comment envisager que ses vidéos puissent convaincre ceux qui soutiennent directement et indirectement la dictature ? Si je ne peux pas changer moi-même, comment puis-je changer les autres ?

Je vais tenter de le dire, une fois de plus, bien que la liberté d'expression ne me concerne pas, puisque personne n'a jamais cherché à m'entendre. Me Brusa parle beaucoup de liberté. Or, cela ne sert à rien de parler d'une chose si nous ne savons pas ce qu'elle est. De nos jours, nous savons que personne ne peut savoir ce qu'est une chose, aussi, plus personne ne se pose la question, peut-être depuis la démonstration de Wittgenstein.

Nous ne savons pas ce qu'est une chose, parce que nous ne pouvons pas penser ce qu'elle n'est pas. Cela signifie qu'elle n'existe que par son contraire. Ainsi, être libre, c'est avoir mis quelqu'un en esclavage. Aussi, je ne cherche pas à me libérer de mes chaînes, mais comment faire pour que les gens ne parlent plus de liberté ? Contrairement à ce que pense Georges Orwell, en supprimant le mot, il ne pourrait plus y avoir d'esclaves, tout au moins sans la violence.

De même, il ne peut y avoir de liberté d'expression sans censure. Que tout le monde puisse parler de tout ne serait pas la liberté. Nous parlons de la liberté d'expression pour pouvoir censurer. Ainsi, devons-nous censurer les discours haineux ? Puis-je dire « À mort Macron » ? Non. Et pourquoi non ? Est-ce que cela supposerait que la haine viendrait de moi, que ce ne serait pas lié à quelque chose qu'il aurait fait ? Peut-on interdire aux juifs de dire « Mort aux nazis » ? Si nous l'interdisons, ne serait-ce pas se priver de savoir ce que les nazis leur ont fait, et aussi de se priver de chercher pourquoi ils l'ont fait, et encore de se priver de savoir qu'ils sont haïs par des gens ?

Nous avons à la fois la liberté d'expression et la censure, parce que nous pourrions être libres, mettre en esclavages des gens et leur interdire d'être mécontents. Si nous ne le censurions pas, nous n'aurions plus d'esclave. Il y a l'esclavage parce que les esclaves croient en la liberté de leur maître, qui n'est libre que parce qu'ils sont esclaves. Nous ne pouvons pas dire ce que nous voulons parce que nous devons refouler notre colère. Sans la liberté, nous parlerions pour le plaisir de parler de ce que nous avons eu le plaisir de faire, comme de dire que je suis allé aux champignons et que j'ai trouvé des girolles. Tout le monde pourrait dire ce qu'il veut. Au lieu de cela, ce que nous disons doit être important, car c'est une incitation à quelque chose. « À mort Macron » est une incitation à le tuer. Et ceux qui incitent ne peuvent laisser parler ceux qui le disent. De même qu'ils ne pouvaient laisser parler Victor Hugo qui incitait à la haine envers le roi (dans *Le Roi s'amuse*), qui avait le pouvoir de violer des jeunes filles. Ce sont les élites, les scientifiques, les hommes politiques, les chefs de guerre, ceux qui « enchaînent », qui passent à la télé ou dont les livres sont publiés. Ce n'est pas parce que Victor Hugo était si souvent censuré ou que les médias censurent Alexandra Henrion-Caude que la liberté d'expression est bafouée, mais parce que gens auraient des choses importantes à dire.

La liberté d'expression concerne ce qui est important, qu'il faut aller voter, qu'il faut se faire vacciner (ou pas, bien que ce soit censuré), qu'il faut faire la guerre à tel pays, qu'il faut se battre pour la liberté, tandis que dire que vous êtes allés au cirque avec vos enfants ne le serait pas. C'est ce monde-là pour lequel vous vous battez, ce n'est pas le mien. Dans le mien, la liberté d'expression n'est pas bafouée parce qu'A. Henrion-Caude ne passe dans les médias, mais parce qu'il y a les médias (que je ne regarde jamais). Vous croyez que la dictature est apparue ces dernières années, alors que vous ne faites que la découvrir, parce que quelqu'un vient de soulever le tapis et que tous les démons se sont échappés. Ils étaient là et vous ne les aviez pas vus, parce que vous ne regardiez pas. La dictature est le fruit des croyances qui sont les mêmes depuis quelques milliers d'années. Les mêmes croyances, les mêmes effets.

Élisabeth R.

Beaucoup de gratitude et de remerciement à Reaction19, qui m'a permis de ne pas désespérer pendant la « pandémie » et de ne pas me sentir seule et impuissante face à tout ce qui nous était imposé. Le feu, la passion et la compétence de Carlo posaient un cadre et des repères dans toutes ces mesures contradictoires, avec la certitude qu'il était juste et nécessaire de résister.

Bien sûr, avec le relâchement et l'envie de retrouver la vie et la liberté, s'est installé « l'oubli », mais c'est bien là le piège et nous devons rester vigilants : le nouveau monde doit encore éclore...

Jean-Pierre G.

Reaction19 m'a apporté un grand soutien et réconfort moral devant le triste spectacle de la décadence de notre démocratie à laquelle on assistait.

La parole du droit restait debout devant ce tumulte politico-scientifico-médiatique.

Me Brusa a gardé à flot le bateau de la raison, du droit et du discernement dans la tempête médiatique de la corruption organisée à l'échelle mondiale.

Mille mercis, Maître, pour votre soutien infaillible et inconditionnel. Nous avons tant besoin d'hommes comme vous.

Marie-Christine & Lorraine R.

R19 a été notre oxygène du cœur et de l'esprit.

Carlo et son savoir, sa franchise, ses colères, ses enthousiasmes, ses dons artistiques, son humour et son amour des autres, nous ont permis de tenir le coup dans la tempête. Et maintenant, il continue à nous éclairer et à nous stimuler. Un vrai médicament dont on ne peut plus se passer 😄 Quel talent !

Thierry V.

Cher ami, Me Carlo Brusa,

Vos interventions au sein de Reaction19 pendant cette « plandémie » ont été importantes et viennent se qualifier, se répertorier historiquement comme un soutient sociétal, humanitaire, mondial en tant qu'une farouche opposition à un mondialisme dictatorial voulant prendre le contrôle économique et politique de la planète. À l'opposé de Macron et de sa clique qui demeureront une souillure dans l'histoire de l'homme et de la France, vous êtes et resterez un véritable ami avec lequel nous pouvons compter.

Brigitte C.

J'ai coché que je n'étais pas adhérente, mais c'est un oubli, je l'étais et je vais m'empresser de renouveler mon adhésion. Une adhésion à la recherche de la vérité, le bien-être de chacun et la liberté de choisir. Merci M. Carlo Brusa, pour votre bonne humeur, votre amour de la vie et votre combat pour la liberté. Vos interventions m'ont tellement remonté le moral ! Pas de haine, pas de politique, pas de pommade. Oui, il existe encore des personnes bienveillantes ! Ouf ! J'ai cherché et je vous ai trouvé. Encore un grand grand merci pour ce que vous êtes et tout ce que vous avez bien voulu partager !

Jean-Louis N.

Reaction19 a d'abord apporté un éclairage législatif capital sur des questions que se posaient tous les abstentionnistes de l'injection, et même pour toutes les personnes impactées par les restrictions de toutes sortes.

Ensuite, un recours solide pour les personnes mises en difficulté par des obligations abusives.

L'association est devenue une référence et un superbe point de repère à ce niveau. Puis, bien entendu, elle est devenue un espoir de justice et de retour au calme tout aussi solide avec ses requêtes judiciaires pour la défense des droits, avec une qualité incroyable et un militantisme efficace, qui se poursuit encore à ce jour, suivant le tempo de la mécanique juridique.

Je ne saurais développer davantage, ayant eu peu de difficultés, mais je tiens à vous remercier chaleureusement pour les efforts et l'abnégation dont les membres de Reaction19 ont pu faire preuve. Grand bravo et grand merci.

Marie-France M.

Cher Me Brusa,

J'ai adoré votre accompagnement et vos éclaircissements quant à la crise Covid. Vous avez toujours été là pour nous afin de montrer que nous n'avons pas rêvé, que quelque chose d'anormal était en train de se produire dans notre beau pays de liberté. Un téléviseur répandait des slogans et publicités en faveur d'une politique vaccinale effrénée avec des images incessantes d'épaules nues aux prises avec une seringue, dont on ignorait le contenu. Vous avez décrypté ces appellations BioNTech et avez enquêté puis apporté des solutions pour nous permettre de défendre nos droits. Des personnalités ont donné leur avis et vous avez apporté une présence bienfaisante et rassurante grâce au droit, ce qui nous permet de situer où est la vérité dans cette opacité, de dédramatiser l'ambiance et de l'illustrer avec des chansons à texte, des invités scientifiques, des philosophes et poètes, ceux-ci exprimant nos souffrances avec des mots.

Merci, Me Brusa, d'être là pour nous, merci de l'amour, de la compassion et des solutions pour nous aider dans ce monde incertain. Merci.

Dominique L.

Merci d'avoir existé pendant ces années de répression, d'entrave à nos libertés.

Vous m'avez aidé, grâce à vos documents, à prendre soin de ma famille.

Merci des vidéos qui m'ont apporté de l'espoir dans ces périodes noires.

Mille mercis et gratitudes à toutes et tous. Longue vie à Reaction19 !

Sophie D. C.
Merci à Me Carlo Brusa de nous avoir éclairés, dans cette période sombre et trouble, sur ce qu'est le droit. Vous nous avez donné les armes juridiques pour nous défendre contre cette tyrannie. Grâce à vos conseils, nos enfants ont pu au moins avoir le nez libre et respirer presque normalement.

En nous donnant la connaissance des autotests, nous avons pu éviter les tests PCR, qu'aucun d'entre nous n'a eu à subir. Mais nous aurons appris une chose pendant cette période, c'est que l'homme a une mémoire très courte et les soldats de l'État, que ce soit le corps administratif, les professeurs, et même les médecins, n'ont pas retenu la leçon de la Seconde Guerre mondiale (car, à cette époque déjà, les juifs étaient considérés porteurs de maladies contagieuses, ce qui conduisit ce régime à les isoler).

Les professeurs, comme à l'époque, ont fustigé les enfants non vaccinés comme s'ils portaient une maladie honteuse : la fierté de leurs convictions et l'horreur de la soumission à des règles iniques. Cela m'a rappelé le film *Au revoir les enfants*, même si, Dieu merci, la solution finale ne leur a pas été imposée. Alors merci de nous avoir passé des messages optimistes, mais restons sur nos gardes, car la guerre n'est pas finie. Merci à vous.

Catherine P.
En regardant les premiers directs de Me Brusa, j'ai compris que quelque chose n'allait pas dans tout ce qu'il se passait. Grâce à l'association Reaction19, dont je suis adhérente depuis deux ans et demi, je suis sortie de la peur et de la sidération. J'ai refusé de me soumettre à tous les dispositifs coercitifs mis en place par le gouvernement et ce grâce aux différentes notes et attestations mises à notre disposition sur le site. J'ai également été éclairée sur la différence entre le droit et la loi. Je ne remercierai

jamais assez Me Brusa et Reaction19, qui nous ont permis, mon époux, ma fille et moi, de rester libres, même si cela a été très compliqué, car, comme beaucoup de résistants, nous avons été discriminés et vilipendés par des membres de notre famille. Je vous adresse toute ma gratitude et ma reconnaissance à vous, Maître, et à tous vos collaborateurs.

Que Dieu vous protège et vous garde 🙏❤️❤️❤️

Stéphanie B.

Merci à Reaction19, grâce à qui j'ai pu, malgré mon activité professionnelle, rester sans les injections Covid-19. Aller au cinéma, au marché de Noël, voir ma maman à l'hôpital, etc. Aider d'autres personnes à faire de même en leur parlant de l'association. Un des phares dans la tempête que nous avons traversée. Bien à vous.

Chantal B.

Reaction19 s'est créée en une période intense de manipulation sur l'ignorance et la confiance envers les élites, dont l'objectif est la marchandisation et la robotisation des populations ainsi que leur diminution.

Reaction19 fut donc un souffle de résilience possible et une lumière dans les ténèbres pour démontrer que la conscience est toujours vivante et présente, même quand elle semble disparaître. Merci à la vie !

Henia Tiarci

Voici ce que Reaction19 m'a apporté : du réconfort, de l'assurance et de la présence, malgré le côté électronique, qui met de la distance entre nous. Du courage aussi, de la gentillesse et des infos sur nos droits... Important, le juridique...

Pendant la terreur « covidiot », heureusement qu'il y avait Reaction19, une bouffée d'air frais, de l'encouragement et de l'humanité, beaucoup, qui mettaient du baume au cœur. Si possible, ne changez rien ! 👌 🎊🎊🎊

Tout simplement, un grand merci à tous et à Me Brusa, belle personnalité solaire. 👌 😄 🎉🎉

Christelle M.

Reaction19 et Me Carlo, que j'ai eu la chance d'embrasser lors d'une manifestation sur la place de la Liberté à Toulon, m'ont permis de rester informée et de continuer à vivre presque normalement durant cette dictature sanitaire. Ma fille, Lisa, a pu continuer d'aller à la salle de sport et moi, grâce à l'attestation, j'ai pu aller à l'hôpital (pour mon suivi de cancer du sein), ainsi que là où l'on demandait le pass sanitaire. Ni ma fille, ni moi ne sommes vaccinées. Grâce à Reaction19, nous n'avons pas baissé les bras et continuons de lutter contre la dictature macroniste ! Merci à tous pour tout ce que vous faites pour le bien commun ! Merci à Carlo pour sa joie de vivre, sa lucidité, son grand professionnalisme et son immense humanisme ! C'est toujours un grand plaisir de regarder ses lives.

François T.

Ce que m'a apporté Reaction19... beaucoup. Une équipe à l'écoute qui a donné beaucoup de son temps pour nous aider à tenir le coup face à une pression de tous les instants, face à un gouvernement qui faisait des pieds et des mains pour nous entraîner dans sa folie. Mais aussi et surtout, un homme, vous, Maître, qui ne compte pas son temps pour se mettre à la disposition de toutes ces âmes errantes.

J'ai constaté que l'homme, le gouvernant surtout, pouvait priver tout ceux qui ne se pliaient pas à son diktat, que cette première phrase de notre constitution, « par le peuple pour le peuple », pouvait n'avoir aucun sens.

Que la charte des médecins – « Au moment d'être admis(e) à exercer la médecine, je promets et je jure d'être fidèle aux lois de l'honneur et de la probité. Mon premier souci sera de rétablir, de préserver ou de promouvoir la santé dans tous ses éléments, physiques et mentaux, individuels et sociaux » – et le fameux serment d'Hippocrate pouvaient être bafoués pour de l'ambition ou, tout simplement de l'argent. L'homme n'est plus maître de ses actes quand l'appât du gain devient trop fort, c'est ce qui fait, malheureusement, notre monde d'aujourd'hui.

Pas mal de questions restent en errance de nos jours sur le bien-fondé de leurs décisions, mais nous saurons, la vérité viendra, j'en suis persuadé.

Une preuve de plus qu'ils ne pensent pas ce qu'ils disent : ils veulent nous soigner, nous mettre à l'abri des risques, mais suppriment la prise en charge des cathéters pour soigner les AVC, une folie de plus. Non, décidément, nous ne pouvons leur faire confiance.

Heureusement, nous avons des femmes et des hommes qui luttent, qui ne sont reconnus que par une minorité de citoyens, mais la lumière viendra et, ce jour-là, la majorité reconnaîtra leur investissement.

Merci encore et du fond du cœur pour l'aide que vous nous apportez et qui nous aide à tenir. Merci à l'équipe de Reaction19 du fond du cœur.

Joëlle Soyer (41)
J'ai découvert Reaction19 en 2020, pendant cette pandémie. Lassée d'entendre les médias mainstream nous débiter toujours la même rengaine, j'ai écouté ce que Carlo avait à dire sur ces sujets. Grâce à lui et à toute son équipe, j'ai relevé la tête et me suis dit que tout n'était pas perdu. Enfin quelqu'un, que je ne connaissais pas auparavant, parlait le même langage et avait la même vision de la plandémie que moi. Quel bonheur d'entendre ses vidéos et, surtout, elles m'ont permis de rester dans la légalité. Cela fait tellement de bien d'être comprise et de ne plus être traitée à tout bout de champ de complotiste.
Merci beaucoup, Carlo, à vous et à toute votre équipe, qui a fait un travail considérable pendant toutes ces années.

Nadine G.
Bonjour « les amis »,
Quel soulagement et quel réconfort d'écouter Me Carlo Brusa ! Je suis l'actualité, mais ne me résous pas à accepter tous les mensonges propagés à tous les instants.

À chaque intervention de Me Carlo Brusa, son sourire, son coup de gueule, ses explications sont très utiles sur toute la manipulation subie par l'humanité.

Une attestation « magique » pour aller voir mon père très affaibli après une infection pulmonaire. Le vigile scanne et s'étonne de ne pas avoir la correspondance numérique... Pas grave, la prochaine fois, j'enlève le code-barres. Le même parcours de visite jusqu'à la date du 1er août 2022.

Lorsque je me connecte pour suivre un live, j'écoute et je valide les propos de Me Carlo Brusa, tout naturellement. L'énergie positive monte comme la sève d'un arbre au printemps.

Merci, Maître, pour votre accompagnement. « L'espoir fait vivre ». Maintenant, je le sais.

Sla A.
Merci de votre constance, de l'information utile, de votre soutien, des idées sur comment s'en sortir, de ne pas nous laisser seuls dans des combats qui nous dépassent. Merci et bonne continuation.

Christine V.
Bonjour et un immense merci pour votre soutien.

Aide-soignante, suspendue au 15 septembre 2021, je n'aurais pas pu tenir ma position sans la confirmation que mon choix n'était pas purement égoïste, mais qu'il était partagé et appuyé par des personnes, représentantes de la justice, qui, grâce à leurs connaissances et positions professionnelles, nous ont relayé des informations d'une importance capitale pour la compréhension de ce qui se jouait, afin aussi de pouvoir s'y opposer intelligemment et juridiquement. Seule, car même les syndicats de la profession n'ont pas tenu leur rôle, sans vos connaissances et commentaires que, à mon niveau intellectuel et professionnel, je ne possédais pas, il m'aurait été impossible de résister, de tenir bon, d'accéder à un savoir supérieur pour finalement en sortir gagnante, car grandie.

Pour tous les membres de votre équipe, qui ont beaucoup donné de leur temps, leur réflexion, leur compassion et bienveillance, gratitude infinie.

Michel Orme (78)

S'AÉRER

Je vais aller prendre l'air, marcher un peu sur la grande allée, respirer un peu, même si ce n'est pas sérieux, cueillir quelques mots, écrire quelques fleurs, danser dans ma tête – ça s'est sûr –, panser des allures. M'allonger sur un buvard jusqu'au soir, dupliquer ma mémoire, rebouter mon ciel, faire marche arrière, regarder les gens, imprimer l'atmosphère, mais pas que. Laisser la lumière inonder les couleurs, apercevoir les nuances qui jouent dans l'air, frissonner dans l'ombre et laisser sa misère qu'un rayon de soleil rend moins laide. Se laisser prendre par une main imaginaire et rentrer dans sa maison pour franchir une barrière, y découvrir des mots si grands qu'ils ne peuvent se poser, et si transparents qu'ils ne s'arrêtent pas de voyager, tourbillonner sans jamais retrouver l'équilibre. S'emprisonner dans ce silence, écouter sa musique et s'évader simplement. Ne laisser aucune trace, repousser les murs, se libérer de toute couverture, se fondre en un éclair autrement, et lentement disparaître dans un courant d'air. Puis, dans le ciel écrire, dire, rire de son mystère, chercher de ses yeux au plus profond de soi ce qui n'exista pas et danser, danser, danser, danser jusqu'à ne plus exister, s'enflammer, se consumer, devenir pluie de brouillard, volutes de fumée dissipées envolées emportant un secret, le parfum d'une fleur, un mot d'ailleurs venu de quelque part, en graver le cœur.

Odile & Michel Landré-Orme (78)

MUTER

Changer de cerveau, changer de repères, regarder la mer étale, écouter son calme et se taire. Bâillonner son ventre, étrangler son âme, hisser la voile contre le vent, remonter le temps. Confondre les bleus, tracer sa route jusqu'au mirage, amorcer un virage sur le rivage, changer de cap forcé de jouer le jeu à pile ou face et, dans un grain de folie au sommet de la dune, marier le Soleil et la Lune. Nager dans l'océan caressé par les algues, se perdre dedans, couler jusqu'au corail qui danse, prendre en douceur ses couleurs et s'éloigner lentement, se couvrir peu à peu de blanc puis en écume remonter, rencontrer le vent, fracasser son cerveau, changer de peau, n'être qu'un lambeau, rouler sur le sable sa carène en peine, sombrer et ne plus pouvoir dire en regardant le ciel : « Je vous aime. »

Sale temps sur la planète, coup de tempête dans les têtes, destinées charriées, volontés abandonnées dans des placards du matin jusqu'au soir. Entrer en résonnance pour oublier, même jusqu'à ne plus respirer, être repris par la vie secoué par les bruits et, dans un soubresaut entrevoir un espoir, tenter de sourire pour ne pas perdre au bout du voyage sa richesse et poser là un souffle de tendresse, se dire que demain existera peut-être.

Armelle D. R. D. M.

Bien chers amis,

Ce que vous m'avez apporté par votre action et cette association est un cadeau en cette période de 2020 et 2021, votre présence pour nous rassurer et nous offrir les moyens de contourner ce monstrueux complot contre des citoyens qui vivent, travaillent sans rien demander d'autre que la liberté de conscience pour participer au bien commun. MERCI D'EXISTER.

David W.

Votre association m'a aidé à résister pendant ces deux ans et demi de crise sanitaire, à ne pas me faire vacciner. Vos conseils appuyés de divers textes de loi m'ont permis d'apporter des arguments à mes collègues de travail par lesquels j'ai été considéré comme un paria, mais également avec certains commerçants. La bataille a été rude, difficile, mais nécessaire. Mon épouse, mon fils de 13 ans et moi ne regrettons pas nos choix, que nous avons assumés sans nous cacher. Nous n'oublierons jamais cet évènement (crise covid), qui nous a réveillés (ouvert les yeux). Nous n'oublierons jamais que, pour la première fois, un président de la République a voulu nous « emmerder ». Notre première manifestation à Paris contre l'obligation vaccinale. Merci pour votre association qui a dépensé beaucoup d'énergie pour cette noble cause qu'est la liberté de décider pour chacun d'entre nous, pour notre corps, qui est et reste encore notre propriété. Que votre association continue d'exister !

Christine S.

Chers frères et sœurs,

Je suis une personne handicapée, j'ai 60 ans, je suis militante, et soutiens beaucoup de collectifs antipass et anti-soupe de poisons. Je pense adhérer prochainement, mais étant sous curatelle, je ne peux pas le faire en ligne. Dans les moments difficiles que nous traversons, il est important de nous soutenir. Et puis, qui peut résister à la bonhommie et au charme de Carlo et son équipe ? Je les regarde sur YouTube et cela fait du bien. Je fais partie de ces personnes qui ont énormément souffert de l'indifférence et du mépris total de la doxa politique, car ne souhaitant pas des louches de soupe de poison Pfizer ! La pression est forte et cela est dur quand il s'agit de soins que l'on vous refuse, ou des droits qui sont menacés. Continuez à nous soutenir. Pour beaucoup, vous êtes une bouffée d'oxygène. Je prie pour vous, prions pour la France, que tous les démoncrates dégagent ! Pour beaucoup, avec cette politique pseudo-sanitaire, ce fut un cauchemar, la discrimination dans toute son horreur. Macron, c'est, en fait, Emmanuel Pétain !

LIBERTÉ
LIBERTÉ
La liberté tu connais?
Tu va nous laissez un peu tranquille là ?
Vatant méchant!
C'a assez fait de sottise comme ça vilain!

Jacques M.

Reaction19 a traversé les trois stades de la découverte (rappelés par I. Aberkane) :

– l'étrangeté, car remuer ciel et terre face à un système, quel espoir ?

– la dangerosité, celle de s'opposer, qui plus est en période de peur collective...

– la normalité (enfin !), en s'opposant à un ventriloque, en écoutant nos émotions et en analysant les textes d'un législateur pourtant assuré d'être dans la peau du sauveur.

Pour résumer, Reaction19 et les vidéos de Me Brusa m'ont sans cesse rappelé :

– que l'intrusion maligne du monde politique dans des décisions reposant normalement sur des choix personnels est contraire à la liberté ;

– que seule la défense de nos propres droits peut les préserver de leur disparition, au point parfois de désobéir, dans un monde qui pour l'instant est perverti.

Jean Marie Édouard Glantzlen

Reaction19 a enrichi ma réflexion, mais aussi mon appréhension d'être de plus en plus accusé de complotisme par mon entourage, dont des êtres chers.

J'ai aussi été désespéré de constater l'écrasante majorité des experts et autres de ceux que j'estimais de notre bord :

1/ ils n'avaient pas le souci du juste mot pour la juste chose, le souci des mots pesés pour éviter d'accroître, voire pour contribuer à réduire, les maux pesants, avec, en prime, l'incohérence majoritaire de l'usage du masculin pour désigner les méfaits du coronavirus 2 et ses nombreuses variantes, ainsi que celui de « vaccin » pour « injection génique expérimentale » ;

2/ ils invoquaient la démocratie, qui n'existe pas et n'a jamais existé, parce que nous sommes de fait en majoritairocratie, saupoudrée de godillotcratie, ce qui serait un peu moins vrai et nuisible si nous vivions en proportionellocratie, avec obligation d'atteindre au minimum 66 % des inscrits, pour estimer une décision intelligente et applicable, non sans ménager et respecter le reste des électeurs.

Alain B.

Reaction19 m'a apporté le soutien juridique nécessaire pour résister psychologiquement à la terrible pression sociale à se faire piquer.

Les vidéos de Me Brusa, très précieuses par leur rigueur juridique et leur ton aussi de convivialité, bienvenues dans ces temps terribles. Et les textes et procédures que j'ai utilisés pour résister, même si mon cas n'était pas, de loin, le pire.

Merci à Me Brusa.

Véronique A. (30)

Un petit mot (à lire dans la tête avec l'accent provençal), qui ne fera pas trente lignes, pour vous dire ce que je pense (et puis participer à un concours, ce n'est pas mon objectif).

La venue de Reaction19, dans cette année de folie collective qu'est 2020 (et les autres aussi, ce n'est pas mal), a été une respiration. De celle que l'on reprend quand on est coincé sous l'eau (en situation de torture ou de fin de bouteille d'oxygène à 20 m de profondeur, les deux ne sont pas courantes, effectivement). Quoique la situation de torture... nous y sommes quand même, avec un magnifique syndrome de Stockholm, collectif. Ou quasi collectif.

Ce mouvement est porté par la voix de Carlo, et d'autres, invisibles, mais bien présents.

Je vous remercie tous pour votre main tendue, cette lumière dans les fosses obscures, cette voix dans la nuit noire de l'âme... L'Amour, quoi...

Renée S.

Je tiens à vous remercier pour votre présence et pour tout ce que vous avez réalisé depuis votre création. Vous avez été l'un des PHARES durant cette période difficile. J'espère que vous continuerez. Œuvrons ainsi toutes et tous ensemble par un réseau harmonieux et juste pour un monde plus harmonieux et juste. Merci.

Pascal B.

Merci, Carlo, d'avoir rassemblé et instruit par vos connaissances juridiques tous ceux qui n'ont pas voulu avaler des couleuvres.

Vous faite partie des élites de la résistance avec RAOULT, PERRONNE, MONTANIER, WONNER, FOUCHER, DI VIZIO, etc.

L'espoir d'un monde meilleur est le moteur des résistants(tes), l'union de ces énergies indispensable pour ne pas sombrer dans une solitude destructrice.

La guerre pour défendre nos libertés est un combat de tous les jours. L'intelligence artificielle le prochain combat.

Force et honneur à tous ceux qui défendent des vraies valeurs d'humanisme.

Caroline Grelier (60)

Un grand merci à Carlo Brusa et toute l'équipe pour le soutien durant toute cette période particulièrement difficile qu'à été et est encore ma suspension en tant que soignante.

Avec détermination et bonne humeur, vous avez partagé vos analyses, vos idées, vos suggestions, vos mises en garde, vos documents. Vous nous avez aidés aussi bien dans l'aspect pratique que moralement. Merci pour tout ce travail accompli. Que tout cela soit un jour entendu de tous et que la justice retrouve son rôle. Vous contribuez à faire avancer les choses et, grâce à vous, nous nous sentons soutenus et défendus. Mille mercis, du fond du cœur.

Élisabeth M.

Ce que m'a apporté Reaction19 : je suis ancienne pharmacienne itinérante, cela explique beaucoup de ressentis. Un virus qui tombe en même temps sur la terre entière, malgré les communications, premier doute.

Azythromycine : utilisée depuis belle lurette pour soigner les pneumopathies et interdite : doute.

Et là, j'ai suivi Reaction19, car mes questionnements faisaient écho. Puis rencontre avec Francis Lalanne, Carlo à Avignon...

Aucun doute, ma place était là avec le droit, contre les mesures liberticides, j'ai adhéré et réadhère avec bonheur, joie, amour.

❤️❤️💕 Grand grand merci à vous.

Isabelle G.

Le but pour moi n'est pas d'être publié, mais de vous remercier. Période Covid, notre vie a basculé d'un coup du côté surréaliste, hallucinant. Une fois les esprits posés, les informations enregistrées, l'intégration dans nos esprits, c'est la RAGE, la colère, l'humiliation qui sont apparues. J'ai appris votre existence et je suis devenue adhérente de votre association. J'ai regardé régulièrement vos directs, suivi les différents liens proposés pour chaque situation. J'ai modelé mes pensées, mes affirmations, ma position au travail. Vous m'avez donné la force, les mots pour me battre tout en restant collée aux lois, sans me mettre en porte-à-faux. Je suis restée forte, vigilante, sur le qui-vive. J'ai pu être tout cela grâce à vous, et je vous en remercie, mille fois merci. Je vous félicite pour votre engagement, votre travail, votre assiduité. Je vous suis désormais de loin, je ne me retrouve pas dans la bataille que vous menez aujourd'hui. Merci.

Stéphane C.

Très cher Me Brusa,

Un grand, grand, merci à vous et votre équipe pour tout ce que vous avez fait depuis le début de cette mascarade covid. Mon ami David Cambon et moi-même, nous vous avons toujours suivi. Comme vous, nous n'avons jamais été dupes de cette histoire et nous discernions très bien la manipulation médiatique à outrance. Les paroles de vos interventions ont toujours résonné comme un écho en nous et ont toujours été d'un grand réconfort. Suivre vos vidéos était pour nous comme une évidence et le besoin de retrouver des personnes ayant la même façon de penser. Et cela nous paraissait être pourtant seulement du bon sens. Merci pour toute l'énergie, l'amour et la bienveillance que vous nous avez apportés durant ces trois longues années, ainsi que pour le combat que vous allez continuer de mener. Nous serons toujours là auprès de vous et nous continuerons aussi le combat dans l'envoi des plaintes et autres. Je tenais juste à vous témoigner ma gratitude et mon amour. Bien à vous, cher Me Brusa, ainsi qu'à toutes les personnes autour de vous.

Charles Boclé (97)
Grace à mon adhésion à Reaction19, j'ai traversé cette période folle sereinement. Je remercie toute l'équipe qui a su, grâce à son engagement et sa détermination, préserver les valeurs humaines et le droit.

Janine G.
Magnifique soutien moral et juridique. Une lumière dans cet espace sombre et angoissant.

Marie-Jeanne V.
Reaction19 m'a apporté beaucoup. D'abord, de l'information dont j'avais besoin, mais beaucoup plus encore. Souvent, je me renseignais au niveau juridique concernant l'obligation du vaccin et des tests, car, à cette époque, maman était hospitalisée et non vaccinée comme moi. Ce fut une période incroyable que jamais je n'aurais imaginé vivre. Je ne pouvais pas aller la voir tous les jours, je n'oublierai jamais ce calvaire, c'est inhumain ! Reaction19 m'a apporté un soutien incroyable, et je vous en remercie.

Diane Frevol (13)
Grâce à R19 et son imprimé sur l'autotest Covid-19, j'ai enfin pu franchir des portes qui, jusque-là, m'étaient interdites, en tant que non vacc... Ce fut un véritable soulagement, surtout en ce qui concerne les restos ! Maintenant que l'on sait que les vaccinés pouvaient transmettre la maladie, je me dis rétrospectivement que j'ai quand même eu de la chance ou alors que je suis une vraie résistante, car nous étions parfois dix à table,

dont neuf vacc. et moi non vacc. ! Des repas où nous pouvions rester deux heures à table.

C'est grâce à Martine Wonner que j'ai eu connaissance de l'existence de Carlo et de son association. En effet, j'ai été tellement outrée par la façon dont Martine W. était traitée par son ministre de la Santé, que moi, qui n'ai jamais été syndiquée ni appartenu à aucun parti politique pendant toute ma carrière professionnelle, j'ai décidé, à 76 ans (!), de soutenir son parti Ensemble pour les libertés, et c'est en suivant sur YouTube ses conférences que j'ai pu apprécier également les interventions de Carlo. Celles-ci m'étant apparu très bien argumentées et très raisonnables, j'ai aussi décidé de soutenir son association et ne compte pas les abandonner, ni l'un ni l'autre, du moins tant que ma santé me le permettra. Voilà, je vous offre ce petit texte juste pour vous dire MERCI D'EXISTER, vous et toute votre équipe, sans oublier *Madame Colombo*, sans laquelle, tout cela, je le soupçonne, n'aurait pas pu exister et surtout durer dans le temps ! Mes sincères amitiés à vous tous.

Christabel G.
Je tiens à vous remercier pour votre combat et votre pugnacité concernant le Covid. Je tiens à vous remercier pour les infos, les partages de documents et votre gentillesse. Merci d'être là pour les peuples, pour défendre l'humain contre la tyrannie, la dictature sanitaire mise en place par l'État.

Christian B.
Du soutien, du partage, des échanges et des informations utiles. Merci.

Dominique G.

Cela m'a permis, avec les documents mis sur le site, d'oser me déplacer malgré les mesures liberticides, donc une plus grande respiration face à la peur ambiante. Merci beaucoup...

Dominique V.

Cela m'a permis de rencontrer des soignants de ma région, qui étaient dans une situation similaire à la mienne. Dans ce groupe, nous continuons à nous rencontrer pour suivre l'évolution de chacun.

Christian E.

Reaction19 m'a encouragé à faire face à une oligarchie, nationale et mondiale, voulant mettre en place un système de santé dictatorial. Par ailleurs, Reaction19 a bien fait de rappeler qu'en période de « pandémie », on ne vaccine pas ! Visiblement, beaucoup de « spécialistes » de plateaux TV ou de généralistes avaient oublié leurs études passées.

Au final, Reaction19 a été à la pointe du combat de ceux et celles qui réfléchissent, un peu plus loin que le bout de leurs nez.

Merci à tous et plus particulièrement à Me Carlo Alberto Brusa. Et que DIEU le protège.

Ségolène T.

Merci, car j'ai été victime d'un relevé d'identité lors d'une manifestation pour non-port du masque et j'ai reçu une contravention illégitime, que j'ai pu contester grâce à vos exemples de lettres contre les contraventions abusives. Merci beaucoup !

Irène K.

Je suis effarée de ce qu'il se passe dans la société française, mais pas que chez nous, même si je crois que nous sommes déjà assez loin dans l'horreur de la corruption, du vol des biens nationaux et des citoyens, de l'asservissement, de la stalinisation, maoïsation et hitlerisation, tout cela bien amalgamé à la sauce oligarchique de l'entre-soi, de la démolition de la démocratie, qui ne date pas d'hier, mais progresse sournoisement. Cela me rappelle le pays que je connais et où je suis née, pendant toute mon enfance et adolescence sous la botte soviétique. C'était pire à l'est sous Staline et c'est ce qu'on vit actuellement ici avec les traques des savants, philosophes, journalistes – les vrais –, économistes, médecins, avocats, le fleuron de la classe moyenne éduquée, qui doit tenir le pays avec notre peuple maltraité, agriculteurs, ouvriers dans tous les domaines. C'est la négation du pays qui a lieu avec des apparences trompeuses. Cela me rappelle les votes dans la République populaire de Pologne : on votait, pourtant, mais le choix était désigné. Bientôt, c'est ce genre de société que nous risquons d'avoir. J'ai non seulement honte, honte de nos politiques pour la plupart vendus et carriéristes, mais aussi de dégrader complètement la valeur de la France comme pays défenseur des droits de l'homme. C'est pire que ce que j'ai laissé dans mon pays de naissance. Il n'y a AUCUN progrès dedans, bien au contraire. C'est la fabrique des cons vendus et des moutons.

Maintenant à la retraite, déjà amoindrie par la volonté d'ubérisation de la société qui date des années 1985 environ, où les compétences n'étaient déjà pas reconnues, le glissement s'est opéré petit à petit au bénéfice des médiocres, jusqu'à ce que l'on trouve qu'il est inutile de payer des professeurs, parce que les assistants, payés deux fois moins, pourront se charger du travail, vu qu'on se fiche royalement du résultat. Il s'agit de faire semblant d'éduquer. De toute façon, les bonnes places sont distribuées par copinage depuis bien longtemps. Les faux concours sont la règle. Le malheur, que j'ai prouvé, malgré des bâtons dans les roues, que je suis capable de construire des élèves dès la première note jusqu'aux grands concours internationaux toute seule, envers et contre tout. On ne me l'a pas pardonné et on m'a suspendue six mois avant la retraite, pour, surtout ne pas me prolonger dans l'activité encore trois ans et partir avec une retraite complète. Les calomnies, faux témoignages des parents de cancres ont été collectés. J'ai bien vu le stalinisme à l'œuvre. Malgré tout, non seulement j'ai eu d'excellents résultats, mais j'ai gardé pas mal d'amis parmi mes élèves et leurs parents jusqu'à aujourd'hui. Cela me fait parfois rire, leur connerie, mais en définitive, me rend bien triste de me trouver dans un pays géré d'une manière aussi minable.

Éva L. (69)
Depuis l'annonce de votre suspension, je souffre avec vous, je prie pour que des mains s'ouvrent pour vous soutenir, pour vous dire que vous êtes importants voire indispensables à notre société. Aussi, je prie pour vous. Je sais qu'un jour un parfum céleste vous embaumera. Soyez sûr de ma sympathie !

Laurette G.
Avec ma sœur, qui est également adhérente, nous nous sommes rendues dans un centre de vaccination, avec les formulaires Reaction19, pour connaître ce qu'il y avait dans les vaccins, demander au médecin de signer le formulaire pour nous assurer que nous ne courrions aucun danger. Là, le médecin nous a répondu : « Je suis là pour vacciner, pas pour répondre à vos questions ! » Nous nous sommes levées et enfuies.

Ma sœur, toujours pas vaccinée. Moi, vaccinée ; je n'ai pas eu le courage de quitter mon travail. Je suis assistante de régulation médicale.

Nathalie T.

Je me suis fait verbaliser pour non-port du masque devant chez moi en centre-ville de Montpellier, alors que je promenais mes chiens le 23/04/2021. Les articles inscrits sur mon PV ne correspondaient pas à ceux qui étaient notés sur votre exemple. Alors je suis allé chercher sur internet à quoi ils se référaient. Les quatre articles ne concernaient pas non plus l'obligation du port du masque. J'ai donc repris votre exemple et je l'ai adapté.

J'ai reçu une lettre recommandée avec accusé de réception au mois de mars 2023 m'adressant une ordonnance pénale qui me notifiait qu'aucune peine principale ni aucune peine complémentaire ne m'était attribuée. Je vous remercie pour votre travail et votre engagement.

Patricia R.

Nous sommes déjà dans le vif du sujet. Votre éclairage sur le droit du citoyen nous remémore des concepts fondamentaux de Liberté, Égalité, Fraternité, dont j'avais tendance à oublier la signification exacte. Cet adage est de plus en plus malmené de jour en jour par ceux qui sont censés nous représenter et en être les garants, alors qu'ils se préoccupent des intérêts privés et non du bien commun.

Le droit nous rappelle que nous sommes libres et responsables, et que nous devons aux générations futures « la Liberté, l'Égalité, la Fraternité », sauvegarder la Solidarité, le respect, l'humanité sur et avec cette belle planète. En mémoire de nos aïeux, qui, il n'y a pas si longtemps, se sont battus pour la liberté et leur nation.

En vous remerciant vivement pour votre enthousiasme, vos coups de « colère », votre océan d'amour qui traverse l'écran. Votre humanité me donne confiance en la sagesse et le bon sens qui est partagé à travers le monde. Ne rien lâcher avec le sourire et la joie d'être, encore merci !

Véronique M.
Grâce à votre force en parole, votre ténacité et parfois votre humour, vous m'avez permis de ne pas douter, de tenir contre toutes les agressions. Ce covid a divisé les familles, les amis, mais votre association a aidé les proscrits ! Merci pour tout.

Dominique B.
Merci de me donner l'occasion de pouvoir vous remercier pour vos actions et votre courage. Cela m'a permis de traverser cette période plus sereinement, grâce à vos conseils en droit, de me conforter sur l'analyse de la situation. Encore bravo, vous êtes un des gardiens de l'humanité pour reprendre les propos du Pr Montagnier !

Guy J.-P.
Vous faisant confiance dès le début de la création de Reaction19, j'ai adhéré. J'ai suivi attentivement tout ce qui concernait l'évolution de la crise du Covid-19 et vos actions. Je regrette de n'avoir eu que très peu de nouvelles personnellement, et pas ou peu de possibilités d'action contre le gouvernement et les forces de l'ordre. Je n'ai jamais reçu la demande de renouvel-

lement de cotisation, mais je suis toujours attentivement vos actions, en espérant voir aboutir les sanctions à l'encontre de tous ceux qui ont fait du mal aux Français et à la France.

Tony W.

Cher Me Carlo Alberto Brusa,

Je me permets de vous adresser ce résumé de trente lignes dactylographiées pour vous exprimer notre gratitude envers votre média, qui nous a apporté un soutien inestimable durant la crise de la Covid-19.

La pandémie de la Covid-19 a bouleversé nos vies à tous et, dans ces temps incertains, nous avons eu besoin de sources d'information fiables et objectives. Votre média s'est imposé comme une référence incontournable, offrant à la population des informations précises, pertinentes et à jour sur la situation sanitaire et les mesures prises par les gouvernements.

En tant qu'avocat engagé, vous avez mis vos compétences juridiques au service du peuple, en dénonçant les injustices et les abus de pouvoir engendrés par certaines politiques mises en place lors de la pandémie. Votre expertise et votre sens de l'éthique ont permis d'éclairer l'opinion publique sur les conséquences de ces mesures et de susciter un débat constructif autour des droits et des libertés fondamentales.

Par ailleurs, vos médias ont joué un rôle crucial dans la défense des populations les plus vulnérables, notamment en mettant en lumière les inégalités sociales et économiques exacerbées par la crise. Vous avez contribué à la prise de conscience collective de ces problématiques et à la mobilisation en faveur d'une société plus juste et solidaire.

En outre, vos médias ont su faire preuve d'humanité en relayant les témoignages de celles et ceux qui ont été touchés de près ou de loin par la Covid-19. Vous avez donné la parole aux soignants, aux chercheurs, aux travailleurs en première ligne, ainsi qu'aux victimes et à leurs proches, permettant ainsi de mettre en perspective les enjeux humains derrière les chiffres et les statistiques.

Grâce à vos médias, nous avons pu bénéficier d'un espace de dialogue et de réflexion où les citoyens ont pu exprimer leurs craintes, leurs espoirs et leurs aspirations pour l'avenir. Vous avez favorisé le partage d'initiatives citoyennes et solidaires, insufflant un sentiment d'appartenance et de fraternité en ces temps difficiles.

Enfin, vos médias ont été une source d'inspiration pour de nombreux journalistes et professionnels de l'information, en prônant l'exigence, l'indépendance et la rigueur journalistique. Vous avez ainsi œuvré pour le renforcement de la démocratie et la préservation de la liberté de la presse.

Pour toutes ces raisons, nous tenons à vous exprimer notre profonde reconnaissance et notre admiration pour votre engagement sans faille en faveur de la vérité, de la justice et du bien-être collectif durant la crise de la Covid-19.

Inès H.

Le vrai baume pour soigner l'âme est le sourire ample, être heureux, s'être entouré de ...

Je suis libre et souveraine, et vais me battre pour être encore plus libre.

VIVE LA VRAIE LIBERTÉ. VIVE LA VRAIE DÉMOCRATIE. VIVE LA VRAIE SOLIDARITÉ. VIVE L'ÊTRE HUMAIN, QUI A REPRIS SES DROITS ET A TROUVÉ SA VRAIE NATURE « UN ÊTRE DE LUMIÈRE ». VIVE MAÎTRE BRUSA.

Sylvie G.

Quand nous avons eu cette pandémie, Reaction19 a toujours été là pour les non-vaccinés, les emmerdeurs, je me suis servie de son pass et cela a très bien fonctionné. Merci encore, car, sans Reaction19, nous aurions déprimé à rester chez nous.

Dominique C.

Reaction19 m'a permis, grâce aux différents formulaires, d'aller à des consultations médicales sans que je sois ennuyé par qui que ce soit. Il en est de même pour les tests. Je n'ai jamais fait de test PCR. Merci encore.

Claire M. M.

Votre combat m'a bien soutenue durant cette période du covid, merci !

En particulier, nous avons trouvé auprès de vous le formulaire pour refuser de payer une amande. Car mon mari ayant refusé de mettre le masque (durant sa sieste) dans le train, car il est asthmatique, et moi ayant un masque en écharpe qui ne plaisait pas, nous avons été vidés par la police ! Expérience étrange autant qu'inquiétante.

Ceci dit, la contravention nous a poursuivi un certain temps, malgré le formulaire bien rempli... En tout cas, merci d'être là !

Patrick L.

Déjà en 2003, le Pr Groussof, prix Nobel, annonçait que tout démontrait l'interférence des ARN avec l'ADN, surtout chez les personnes âgées (co-morbides ciblés par le système dominant médical) et que l'atteinte du génome était imparable. D'autres, avec des années d'essais, ont prouvé qu'il était impossible de purifier l'ARN, tout en le laissant valide, et que son contenu était constitué de plus de 150 produits toxiques et des virus inconnus, ce qui va se démontrer dans les proches années, avec une flambée de maladies génétiques. D'autres encore ont prouvé qu'il était impossible d'échapper aux effets secondaires des ARN au-delà de trois ans, et nous y sommes. Et encore, que le virus référent des tests PCR n'était autre qu'un échantillonnage de virus communs de la grippe particulièrement actifs en Asie, avec des symptômes dominants pulmonaires. Nous avons vu aussi par l'analyse des masques qu'ils contenaient du graphène, présent aussi dans les tests PCR, dont le protocole de prélèvement ne laisse aucun doute sur la volonté de contaminer le plus grand nombre de gens, et ce en touchant la zone du cavum (arrière-gorge, zone faiblement active en défense immunitaire) ayant le plus d'action de prolifération. Voilà, la coordination mondiale prouve que nous sommes entre les mains d'une puissance au pouvoir institutionnel qui englobe la soumission de la justice. Donc le peuple devient souverain maintenant.

Nicole & Pascal B.

Nous ne voulons ni faire un long ni un beau texte, mais simplement vous témoigner notre immense gratitude.

Vous avez été pour toute la famille un soutien extraordinaire. Merci pour tout ce que vous faites, merci à vous, merci à Carlo. Merci 🙏🤗🤗

Jacqueline M.

Je vous ai fait confiance, j'ai manifesté contre le vaccin. Je ne me suis pas fait vacciner grâce aux lanceurs d'alerte qui nous ont prévenus. Toutes les informations du Pr Perrone ont été utiles. Malheureusement, il y a encore des médecins qui imposent les masques et vaccinent les personnes fragiles mentalement. Il y a de l'abus chez certains généralistes.

Anne-Brigitte B.
Total soutien à Reaction19.

Cela a été un grand réconfort pendant cette « révolution sanitaire ».

Merci, Carlo !

Gérard A.
Merci pour votre soutien permanent et essentiel aux non-vaccinés, notamment durant la période Covid.

Liliane M.
Merci pour tout ce que vous avez fait pour moi.

Grâce à vous, j'ai pu sortir à des spectacles, aller dans les restaurants… avoir un soutien juridique.

🙏👏❤️❤️

Ahmed Z.
Bonjour, j'étais adhérent un an chez vous et j'en ai été très content et satisfait. Je voulais vous dire merci et merci de votre combativité contre cette ordure de gouvernement satanique, je n'ai pas de mot. Merci cher Maître. Bien à vous.

Philippe M.
Merci pour votre soutien. Moralement, ça a et ça fait du bien.

Christine F.
🙏 Merci infiniment pour tout 🖤

Ambroise

Épilogue
L'écrit du cœur

Créée officiellement le 20 avril 2020, Reaction19 voit le jour dès la fin de mars, après la signature des statuts par les fondateurs Riccardo Mereu, Hélène Plumet et moi-même.

Il était alors impossible d'imaginer que Reaction19, outil de communication juridique, aurait un tel succès, tant en France que dans d'autres pays. Au fur et à mesure, par les actions, les analyses juridiques publiées sur notre site, les aides apportées à celles et ceux qui le demandaient, un nombre extraordinaire de personnes ont adhéré à l'Association, nous donnant ainsi les moyens de nous défendre.

Nous avons atteint plus de 100 000 adhérents lors des moments les plus forts de la lutte contre le pouvoir en place, qui a imposé, coûte que coûte, la vaccination, obligatoire pour certains et avec le « pass sanitaire » pour d'autres. Ces trois années ont été extrêmement fortes, parfois très dures et angoissantes. Beaucoup étaient souvent désespérés, comme les soignants qui, ayant refusé la vaccination, ont vu, pour certains, leur vie professionnelle et personnelle vaciller.

L'Association a tenté d'aider, autant qu'elle le pouvait, celles et ceux qui l'ont contactée, mais comment faire face à ce tsunami social, avec plus de 200 000 appels téléphoniques et 140 000 courriels ? Ce fut un travail titanesque, autant pour les bénévoles que pour les responsables.

Aujourd'hui, Reaction19 continue son chemin, alors que d'autres ont jeté l'éponge. Les adhésions se poursuivent et se renouvellent, nous continuons de nous battre avec notre énergie et notre passion pour la liberté. C'est pour cela que ce recueil de textes, qui utilise « les mots face aux maux », est un symbole de liberté. La liberté d'expression est, peut-être, la plus importante de toutes les libertés pour sauvegarder l'humanité.

L'Association continue donc ses batailles et son engagement, celui de lutter contre les lois et les règlements liberticides en France, en Europe et dans le monde.

Elle poursuit aussi son travail de vulgarisation du droit, ainsi que la mise en œuvre des procédures judiciaires et pénales, pour tenter de faire éclater la vérité. En effet, l'Association considère que nous sommes victimes d'une « tromperie sanitaire », mise en œuvre dans le cadre de la lutte contre la Covid-19.

Les analyses juridiques et les actions entreprises par l'Association, qui furent critiquées par la « Doxa », apparaissent aujourd'hui, au regard des vérités sanitaires, sociales et juridiques actuelles, comme étant de plus en plus proches de la réalité, qui fut, malheureusement, cachée au grand public.

Jusqu'à maintenant, tout a été fait pour empêcher l'éclat de la vérité et de la justice, mais la persévérance, l'engagement et l'amour du droit vaincront celles et ceux qui ont propagé le mensonge, la terreur et la destruction de l'humanité.

Carlo Alberto Brusa
Président de Reaction19

SORS DE LA CAVERNE ET
TROUVE LA VÉRITÉ !!!!
MERCI
CARLO
PLUS DE MASQUES !!
MERCI
CARLO
Angela

Vos référents Reaction19

Siège social
19 Boulevard Malesherbes
75008 PARIS
reaction19@gmail.com
reaction19.fr

Bas-Rhin
Référent : Christian Ligout
lescitoyenslibresdu67-circo6@protonmail.com

Bourgogne
Référent : Alberto Rodriguez
CollectifR19Bourgogne@protonmail.com

Cantal Auvergne
Référent : Isabelle Pereira
collectif15reaction19@protonmail.com

Chartres
Référente : Paule Monnini
p.monnini@wanadoo.fr

Côte-d'Azur
Référente : Vanessa Feuillassier
reaction19.cotedazur@gmailcom

Languedoc Roussillon
Référente : Catherine Esseyte
r19languedoc-roussillon@protonmail.com

Ouest PACA Avignon
Référente : Elisabeth Dancet
reaction19-ouest-paca@protonmail.com

Pays de la Loire (nord)
Référente : Élisabeth Rose
r19paysdelaloire-nord@ik.me

Rhône
Référente : Angélique Bonnaire
reaction19.rhone@gmail.com

Saône et Loire
Référent : Yvan Brochiero
collectifR19-saoneetloire@outlook.fr

Sud Aquitaine
Référente : Thierry Bernardin
collectif-reaction19-64-40@protonmail.com

Bruxelles (Belgique)
Référent : Salvatore Seminerio
biensinformer@gmail.com

Imprimé en France
FRHW011430050324
38306FR00001B/2

9 782377 900725